中国近代新闻学名著系列丛书

芮必峰 ◎ 主编

中国报人之路

—— 杜绍文 ◎ 著 ——

中国传媒大学 出版社
·北京·

编委会

主　编　芮必峰

副主编　姜　红　刘　勇

编　委　贾　南　周　彤　张冰清　侯普曼

出版说明

本丛书整理再版了近代在中国用中文出版的经典新闻学著作,所涉及的图书既有专著、教材,也有译著,全面涵盖了新闻学理论、新闻业务、新闻史等领域,成书年份前后跨越40年。在这40年间,中国的新闻学科从无到有、从借鉴到创新,成就巨大。对这些著作的再次出版,为研究中国近代新闻学提供了珍贵的史料,绘制了中国近代新闻学的全景,度量了中国近代新闻学的厚度,填补了该领域空白,也为纪念中国新闻学诞生100周年献上了一份厚礼。

我们请中国人民大学新闻学院教授、博士生导师,广西大学新闻传播学院院长,教育部社会科学委员会委员兼新闻传播学科召集人郑保卫,及中国传媒大学传播研究院院长、教授、博士生导师,中央实施马克思主义理论研究和建设工程新闻学首席专家雷跃捷对本丛书的内容进行了审定,并根据专家的意见进行了修改。在此对两位专家所付出的辛勤劳动表示衷心感谢。

由于历史原因,本丛书中的个别图书存在一些问题,为保存历史原貌,为研究者提供一手的参考资料,影印时均基本保持其原貌,未作大的删改,希望读者结合当时的历史条件和历史环境,对其中的观点进行批判性借鉴。原书中存在一些错别字、漏字和排版错误,我们在影印时均未做改动,敬请读者注意。

由于原书出版年代久远,本丛书中的许多书籍难觅其踪,存世数量稀少,版权状况极其复杂。为了保证本丛书的学术性和完整性,我们将具有价值的图书先行选入其中,进行了抢救性发掘,力图保存中国新闻史珍贵的历史资料。版权所有人若有异议,请及时与我们联系。

为更好地体现中国近代新闻学的发展脉络,本丛书特别收录了欧美学者休曼的《实用新闻学》、斯蒂德的《新闻学的理论与实际》;日本学者松本君平的《新闻学》、后藤武男的《新闻纸研究》、杉村广太郎的《新闻概论》。当年这些书的出版对中国近代新闻学具有一定的借鉴意义。

本丛书为影印制作,成书清晰度由原书决定,由于出版年代久远,受当时生产力水平及制作方法限制,难免会存在一些缺陷,敬请读者谅解。

中国传媒大学出版社

总　序

如果从1903年商务印书馆编译出版日本人松本君平的《新闻学》算起，中国的新闻学已有115年历史[①]。如果从1918年北大新闻研究会建立，徐宝璜开办新闻学讲座算起，中国新闻学教育和研究迄今正好100年历史。我们搜集整理了清末至民国期间一些有代表性的新闻学书籍，希望借此重现早期中国近代新闻学的本来面貌，反映我国新闻学发展的历史脉络，我们认为，这对中国新闻学术、教育史研究以及中国近现代思想史研究都是很有意义的。

从1903年到1949年9月的40多年间，我国公开出版和内部印行的新闻学书籍，包括专著、教材、论文集、资料汇编、参考工具书等，约468种之多。[②]它们集中反映了我国新闻学的历史发展轨迹。然而，由于多种原因，这些书籍除了几本曾被重印出版外，大多已经是"只闻其名、难觅其踪"，这对我国新闻学研究不能不说是一个遗憾。

本丛书在梳理1903—1949年间出版的有代表性的新闻学书籍的基础上，精选了50部著作，校订注释，编纂再版，也算对这一遗憾的弥补。

从我们挑选的这50部新闻学书籍来看，中国早期新闻学的发展有三个鲜明的特点：

一、中国早期新闻学的发展与中国社会发展，尤其与国家民族利益息息相关

40多年间，中国新闻学从近乎空白到勃然而兴，这与中国社会的动荡、变

---

① 黄天鹏回顾新闻运动时说："有清光绪二十八年，商务印书馆刊行《新闻学》一书，为我国人知有新闻学之始，原书为日人松本君平所著……"资料来源：黄天鹏. 新闻运动之回顾 [A]. 黄天鹏. 新闻学名论集 [C]. 上海：上海联合书店，1929.
② 林德海，等. 中国新闻学书目大全1903—1987 [M]. 北京：新华出版社，1989.

革休戚相关。西方新闻学是现代化的产物，最早形成于19世纪末20世纪初。1901年，"新闻学"一词首见于中文报章①，但直到民国前夕，国人对于"新闻有学乎"尚存疑，认为报社就是新闻人才的"养成所"。至1912年上海报业俱进会以"吾国报业之不发达……其最大原因，则为无专门之人才"②为由，号召组织报业学堂，培养报业专门人才。不难看出，此时新闻界亦将新闻学视为办报之"技"。至1918年邵飘萍为徐宝璜《新闻学》作序仍"窃叹我国新闻界人才之寥落，良由无人以新闻为一学科而研究之者"③。黄天鹏把1903年至1918年新闻学研究会建立之前的十余年视为中国新闻学的启蒙期。④

1918年，随着以启蒙为目标的新文化运动愈演愈烈，新思潮涌入国门，"新学""西学"站在旧传统的对立面被学界关注，新闻学思想也不例外。作为公学之首和新文化运动中心的北京大学率先开办新闻学研究会，力证了"新闻学"存在的正当性；徐宝璜《新闻学》一书问世，成为中国新闻学理论的奠基之作。新闻学教育兴起，新闻学研究著作渐盛，待到北伐前夕，中国新闻学从学理上和实践上俱已建立起来。

新文化运动后期，马克思主义传入中国，资本主义文明逐渐"祛魅"。之后的大萧条使得西方国家的痼疾暴露无遗，曾经"理想之彼方"的西方报业也难以幸免。在这一时代背景下，如何建立"吾国之报业"成为新闻学研究的热点，围绕这一热点，一方面，关于中外新闻理论、新闻事业、新闻业务的著作日益涌现；另一方面，军阀对于激进言论的暴力摧残，又引发了新闻人对于言论自由的论争。20世纪20年代的中国新闻学呈现百家争鸣之势。

"在这言论自由纷争之际，也有若干论调，认为新闻纸不过是一种政治宣传的工具，在新闻学方面也唱过所谓社会主义的新闻理论，不过这种论调没有完成，当头的国难已把这种理论粉碎。"⑤"九一八"事变后，面对空前的民族危机，"国家至上、民族至上"成为国论，报业成为勾连与动员社会的渠道和网络，

---

① 梁启超. 本馆第一百册祝辞并论报馆之责任及本馆之经历[J]. 清议报, 1901 (100): 1-8.
② 戈公振. 中国报学史[M]. 上海：上海书店, 1989: 278.
③ 徐宝璜. 新闻学[M]. 长春：时代文艺出版社, 2009: 7.
④ 黄天鹏. 四十年来中国新闻学之演进[M]//龙伟, 任羽中, 王晓安, 何林, 吴浩. 民国新闻教育史料选辑. 北京：北京大学出版社, 2010: 149. (以下征引本书时，一律简注为《民国新闻教育史料选辑》。) 黄天鹏在此文中提出他对于1903年到战事结束的40余年间中国新闻学发展阶段的划分，原载《中国新闻学会年刊》第1期，1942年9月。
⑤ 黄天鹏. 四十年来中国新闻学之演进[M]//民国新闻教育史料选辑. 北京：北京大学出版社, 2010: 161.

致力于推动"舆论统一"。直到全面抗战中期之前,以战争宣传动员为主要研究目标的"战时新闻学"都是新闻学研究的热点。

1943—1949年中华人民共和国成立前夕,随着战争形势的转变,抗日战争已现胜利的曙光,中国新闻学人开始构想新闻业的未来。萨空了①于1943年开始着手书写《科学的新闻学概论》,旨在提醒新闻人应"鉴于美英的前车"②,避免报纸"为大财阀资本家所独占"③,"积极地设法使报纸成为大多数民众自己的相互报道消息、提供意见的工具"④。

二、中国新闻学是"西学东渐"的产物,中国早期新闻学人大多具备西学背景

"西学东渐"的内在精神是中体西用。在"用"的招牌下,西学大量涌入。中国新闻学直接引自日本和美国。首先,中国最早的新闻学译著分别为1903年商务印书馆编辑出版的松本君平的《新闻学》和1913年美国记者休曼著、史青编译的《实用新闻学》。前者成为中国新闻学的开端,而后者作为美国第一本新闻教育著作,"提供采访编辑各种实际问题的解决方案"⑤,也奠定了中国新闻人对于新闻教育之作用的基本构想。

早期中国新闻学人大多具备留美留日的求学背景。徐宝璜曾于美国密歇根大学修习经济学与新闻学,其《新闻学》(1919)的参考文献包括在美国出版的图书23种、在英国出版的图书7种,印证了时任北大校长蔡元培所言,"新闻学之取资,以美为最便矣"⑥。任白涛求学日本早稻田大学政治经济学系时,加入了《朝日新闻》名记者杉村楚人冠等筹建的"大日本新闻学会"⑦,《应用新闻学》

---

① 萨空了(1907—1988)四川成都人,蒙古族,笔名了了、艾秋飚,记者、主编、新闻学家。1927年任《北京晚报》《世界日报》编辑记者、《世界画报》总编辑。曾任教民国学院新闻系、北京新闻专科学校。1935年任上海《立报》副刊主编、总编辑兼经理。中华人民共和国成立后任中央人民政府新闻总署副署长兼新闻摄影局局长、出版总署副署长、全国政协副秘书长兼《人民政协报》总编辑等职。负责主编《中国大百科全书·新闻出版》卷,著有《科学的新闻学概论》《科学的艺术概论》《宣传心理研究》等。
② 萨空了. 科学的新闻学概论[M]. 香港:文化供应社,1946:36.
③ 萨空了. 科学的新闻学概论[M]. 香港:文化供应社,1946:36.
④ 萨空了. 科学的新闻学概论[M]. 香港:文化供应社,1946:36.
⑤ 黄天鹏. 四十年来中国新闻学之演进[M]//龙伟,任羽中,王晓安,何林,吴浩. 民国新闻教育史料选辑,北京:北京大学出版社,2010:157.
⑥ 邓绍根. 中国新闻学的筚路蓝缕:北京大学新闻学研究会[M]. 北京:清华大学出版社,2015:228.
⑦ 1915年《朝日新闻》的杉村楚人冠等在庆应义塾大学创办"新闻研究会"并讲授课程,后根据该讲义出版了《最近新闻纸学》(1918)。其时,杉村楚人冠还兼任"大日本新闻学会"的筹建者与学会新闻讲座讲师。

(1922)正是仿照杉村楚人冠《最近新闻纸学》一书体例所做。① 邵飘萍的《实际应用新闻学》(1923)亦参考了《最近新闻纸学》。② 杉村楚人冠深受美、德新闻思想熏陶,美、日、德的新闻思想因故才传到中国。

事实上,正是留美、留日学生群体的新闻学著述构建起了中国早期新闻学的基本框架。仅本丛书所涉国内著(编)者30人中,别除资料不详者3人,有留学经历者共计15人。其中留美5人:徐宝璜、伍超、赵敏恒③、戈公振④、曹用先⑤;留日8人:吴定九⑥、邵飘萍、黄天鹏、任白涛、张友渔⑦、谢六逸、袁殊⑧、王文萱⑨;

---

① 周光明. 近代新闻史论稿[M]. 北京:社会科学文献出版社,2014:276.
② 方晓红. 中国新闻简史[M]. 南京:南京师范大学出版社,1996:122.
③ 赵敏恒(1904—1961),记者、新闻学教授。早年就读于清华大学,1923年起先后于美国科罗拉多大学文学院、密苏里大学新闻学院、哥伦比亚大学新闻学院攻读英国文学和新闻学,并获新闻学硕士学位。1925年起在纽约环球通讯社当编辑。1927年回国,在国民政府外交部情报处短暂工作后加入路透社。1945年10月任《新闻报》总编,兼任复旦大学新闻学教授。
④ 留学两个及两个以上国家的,按其留学的第一个国家计。
⑤ 曹用先,女,宁波人,天津南开大学社会科毕业。1926年与未婚夫查良鉴自南开大学毕业后,同赴密歇根大学留学,1930年在该校安娜堡完婚。硕士毕业后回国,曾就职于上海商务印书馆编辑所并任教于大夏大学,1949年与查赴台,1951年4月病逝于台湾。
⑥ 吴定九(1890—1930),名鼎,字定九,嘉定人。著名报人,《京报》元勋之一,著有《新闻事业经营法》。公派赴日本名古屋学习土木工程时,与在东京政法学校读书的邵飘萍成为密友。1923年9月,私立北京平民大学设立报学系,时任京报社经理的吴定九担任教授并讲授专业课程"新闻经营法"。
⑦ 张友渔(1898—1992),原名张象鼎,字友彝,又名张忧虞,山西灵石人。法学家、政治学家、新闻学家。先后求学于山西第一师范学校、国立北平法政大学法律系。1927年任《国民晚报》社长兼总编辑。同年加入中国共产党,任中共北平市委委员兼秘书长。1930年赴日留学。"九一八"事变后回国任《世界日报》主笔及燕京大学、中国大学、民国大学、中法大学、北平大学法商学院教授,讲授宪法学、劳动法学、新闻学和日本问题。1943年起在重庆任中共南方局文委秘书长、《新华日报》社论委员会委员、中共重庆工作委员会候补委员兼政策研究室副主任、《新华日报》代总编辑等职。
⑧ 袁殊(1911—1987),中共谍报人员、记者、新闻学者。早年赴日攻读新闻学、东洋史。曾创办上海自修大学并设新闻专科。1931年3月创办的《文艺新闻》,最早揭露了左联五烈士被害的消息。1932年任新声通讯社记者,经潘汉年引介加入共产党。1942年卧底敌伪报纸《新中国报》,1945年10月转移到苏北解放区;1949年调入中央情报部门。著《记者道》《学校新闻讲话》《新闻大王赫斯特》等书;译《新闻法制论》等。
⑨ 王文萱,曾留学日本,1930年5月翻译杉村广太郎的《新闻概论》。1942年国立社会教育学院新闻系成立,王文萱在该系教授新闻业务课程。1947年年初,李宗仁授意萧一山在北平创办《经世日报》作为喉舌,任命王文萱、蓝文澄两位教授为主笔。

旅欧2人为胡愈之和储玉坤①（详情见表）。这些涉足新闻学研究的归国留学生兼容并蓄，汲取美、日、德等国新闻理论和马克思主义新闻思想的精华，进行本土化改良，亦从侧面反映出中国新闻学的理论来源。

三、中国早期新闻学人往往兼新闻实践、新闻教育、新闻研究于一身

1918年，北京大学新闻学研究会成立，徐宝璜负责讲授新闻学知识。他结合自身从业经验，参考欧美新闻学书目，形成课程讲义；再结合讲课心得，不断完善新闻学理论。1919年，国人自撰的第一本新闻学专著《新闻学》最终成书。徐在自序中细陈写书修书之过程："新闻学乃近世青年学问之一种，尚在发育时期。余对于斯学，虽曾稍事涉猎，然并无系统之研究。客岁蔡校长设立新闻学研究会，命余主任其事，并兼任导师。余乃于暑假中，正式加以研究，就所得著《新闻学大意》一篇，以为开会后讲演之用。……开会后，余继续研究，加以会员之质疑问难，时有心得，遂将原稿加以修改，成第二次之稿……"②显然，"曾稍事涉猎"指其曾经担任《晨报》主笔的工作经历。早期中国新闻学人兼具从业经验和新闻学教学经验者多会总结实践经验、丰富新闻理论、著书立说、传道授业，这种情况并不鲜见。

从早期新闻学著作的作者（编者）身份来看：本丛书涉及国内著（编）者30人，除李公凡、刘元钊和鲁风三人身份不详，仅蒋国珍③、项士元④二人没有明确的新闻从业经验。而在这25人中，更有20人兼具从业经历与从教经历。新闻学人大多具有新闻从业经历，学术研究、传承活动与新闻实践密不可分（详

---

① 储玉坤，1912年生，江苏宜兴人，笔名雨君、储华。1937年中央政治学校大学部新闻学及国际政治专业毕业。1938年1月任《文汇报》编辑兼社论撰述者；1938年5月担任《文汇报》法国哈瓦斯分社编辑；抗战胜利后，任《文汇报》总主笔。1946年5月转任《申报》主笔和法国新闻社远东分社中文部主任，兼任中国新闻专科学校教务长和沪江大学新闻系教授。著有《现代新闻学概论》《第二次世界大战史》《美国经济》。
② 邓绍根．中国新闻学的筚路蓝缕[M]．北京：清华大学出版社，2015：244．
③ 蒋国珍出生于1896年，江苏溧阳人，做过学生运动领袖、国民党党员、教育工作者、政府职员、银行经理。曾加入上海学生运动，代表上海全国各界联合会、全国学生联合会、上海各界联合会、学生联合会四团体发声。虞文俊认为其传世的《中国新闻发达史》翻译自日本人伊藤武雄的《中国新闻发达史》，即蒋国珍应为此书的译者而非著者。
④ 项士元（1887—1959），佛教居士、学者。原名元勋，号慈圆，又号石槎。浙江临海人，通日、英、德、梵、俄文，一生佛学著作等身。25岁毕业于杭州府中学堂，后办私立小学和赤城初级师范，兼任各校教师；捐资并赠书创办了临海图书馆。项士元长期辗转江浙等地从事教育、新闻和史志方面的研究工作。中华人民共和国成立后主持台州文管会，任浙江省文史馆馆员。所著《浙江新闻史》是中国最早的新闻史之一。

见表1①）。

  从新闻学著作本身来看，许多民国新闻学书籍正是新闻实践和新闻教育的直接产物：国人自撰的第一部新闻采访学专著——《实际应用新闻学》根据邵飘萍在北京大学新闻学研究会和平民大学新闻系的讲稿所著，《新闻学总论》一书则根据邵氏国立政法大学的新闻学讲义整理而成；周孝庵②根据自己在复旦大学的新闻学讲义编著了《最新实验新闻学》；郭步陶③的《本国新闻事业》是上海市私立申报新闻函授学校讲义之十一；而《新闻学的基础知识》本就是中美日报读讯会④为新闻学自修者所出版的教材《实用新闻学讲义》之一；储玉坤的《现代新闻学概论》则是专门为大学新闻理论教科书而编写的（详见表2）。

  正是由于早期新闻学人兼新闻实践、新闻教育、新闻研究于一身，才能为理论教学与著述提供最鲜活的案例，促使新闻实践经验迅速融入新闻学理论研究。这是近代中国新闻学迅速发展的重要因素，对于当今的新闻学研究、新闻学教育工作也有重要启示。

  本丛书编委会邀请相关领域资深专家进行研讨，认真甄选了书目，仔细进行了版本比较和甄别，从而保证了本丛书较高的学术权威性。

  由于历史的局限，民国新闻学书籍的不足是明显的，如学术理论不成熟、部分话语和话题打上了深深的时代烙印等；又因书中涉及的新闻稿件写作于特定历史环境和历史年代，其表达方式不严谨亦不可避免。盖所选书目皆是历史文献，我们在审校中尽量保持其历史原貌，不做大的删改；对极个别对马克思

---

① 李秀云. 留学生与中国新闻学[M]. 天津：南开大学出版社，2009：239-251. 本书中李秀云整理了民国期间从事新闻学研究的留学生44人，并分析其留学国别构成、专业构成、新闻实践经历、从教经历等。

② 周孝庵（1900—1973），佛教学者、律师、报人。松江府人。毕业于江苏省立第一商业学校。历任上海时事新报馆记者、编辑、主编，著《最新实验新闻学》。1928年秋被复旦大学聘为新闻学教授。曾于上海法政大学获法学学士学位，1930年兼律师。1932年主编上海《新闻报》"法律质疑"栏目，编著了《法律质疑汇编》。上海沦陷后，曾氏关闭了律师事务所，潜心佛学研究。

③ 郭步陶（1879—1962），原名成爽，后改名惜，字步陶。四川隆昌人。名记者、新闻研究者。1911—1917年任《申报》编辑，1917年任《新闻报》编辑主任、主笔。1930年任教于复旦大学新闻系。上海沦陷后赴香港，任职于《申报》（香港）、《星岛日报》；1939年创建中国新闻学院（香港）并任院长。抗战胜利后回沪任教于复旦大学、新中国学院。

④ 《中美日报》是"孤岛"时期的国民党报纸，为躲避日伪新闻检查，在美商罗斯福出版公司招牌下运作，副刊有《集纳》《堡垒》等。1938年11月创刊，1941年12月停刊，1945年8月复刊，次年4月终刊。总编先后为杨勋民、查修、詹文浒，总主笔周宪文，执笔者有储玉坤、章丹枫等。胡道静曾任英文编辑。报社读讯会为自修新闻学的读者出版了《实用新闻学讲义》，共计10种，对编辑术、采访术、评论作法、新闻写作、新闻学史、剪报工作等都有专篇论述。

主义、共产党等的不适当叙述已进行了删除处理。

  本丛书规模较大，从策划项目、搜集资料、校订编纂到审稿成书，历时两年有余。这50本书可能并非本本经典，其中有些内容亦有重复、雷同之处，但瑕不掩瑜，它们对于研究中国新闻学功不可没，作为新闻史资料极具研究价值。感谢中国传媒大学出版社和安徽大学新闻传播学院诸位老师的辛勤付出，也希望读者在本丛书中能读出更丰富的内容，获得启发并更深入地思考。

丛书主编　芮必峰

2018年5月7日

附表：

表1 著者受教育、从业、从教及著述情况列表

序号	姓名	是否留学及留学国家	从业经历	从教经历	著作
1	徐宝璜	美国密歇根大学，经济学、新闻学	北京《晨报》主笔	北京大学新闻学研究会、北京平民大学新闻系	《新闻学》《新闻事业》
2	戈公振	1927年赴美国、日本考察新闻事业	首创《图画时报》、"上海新闻记者联合会"会长、《申报》总管理处设计处主任兼《申报星期画刊》主编	上海南方大学新闻系、上海国民大学新闻系、复旦大学新闻系、上海沪江大学商学院、上海民治新闻学院	《新闻学撮要》《中国报学史》《新闻学》
3	邵飘萍	东京政法学校	《汉民日报》主编、《时事新报》《申报》《时报》主笔、创办"北京新闻编译社"、《京报》社长	北京大学新闻学研究会、北京平民大学新闻系、国立法政大学	《实际应用新闻学》《新闻学总论》
4	吴定九	日本名古屋工业专门学校土木工程	主持《京报》	北京平民大学新闻系、国立法政大学	《新闻事业经营法》
5	谢六逸	日本早稻田大学东洋文学史	《立报》文艺副刊《言林》主编、《国民周刊》《趣味》周刊主编	复旦大学新闻系、申报新闻函授学校、国立社会教育学院新闻系、暨南大学新闻系、大夏大学新闻系	《实用新闻学》《国外新闻事业》《新闻储藏研究》
6	黄天鹏	日本早稻田大学新闻系硕士	在北平创刊《新闻学刊》并担任主编	复旦大学新闻系、上海沪江大学商学院新闻学科	《新闻文学概论》《中国新闻事业》《新闻学入门》《新闻学概要》
7	赵敏恒	美国科罗拉多大学文学院、密苏里大学新闻学院、哥伦比亚大学新闻学院攻读英国文学和新闻学，并获新闻学硕士学位	纽约环球通讯社编辑，后加入路透社。"九一八"事变后为美国国际新闻社、伦敦《每日电讯报》《朝日新闻》等供稿。1945年10月任《新闻报》总编辑	复旦大学新闻系、中央政治学校新闻系、暨南大学新闻系	《外人在华的新闻事业》

续表

序号	姓名	是否留学及留学国家	从业经历	从教经历	著作
8	周孝庵	无	历任上海时事新报馆记者、编辑、主编；主编《上海新闻报》"法律质疑"栏目	复旦大学新闻系、新闻大学函授科	《最新实验新闻学》
9	张友渔	1930年、1932年、1935年多次赴日学习新闻学、考察日本新闻事业	《世界日报》编辑、《大同晚报》总编辑、《国民晚报》社长、《泰晤士报》总编辑、《新华日报》社论委员	燕京大学新闻系、北平民国学院新闻系	《新闻之理论与现象》《日本新闻发达史》
10	袁殊	日本新闻专科学校、早稻田大学历史系	创办《文艺新闻》《译报》、新声通讯社记者	上海自修大学新闻专科	《记者道》《学校新闻讲话》《新闻大王赫斯特》《新闻法制论》（译）
11	胡愈之	1928年法国巴黎大学攻读国际法	《东方杂志》编辑、创办《公理日报》、哈瓦斯通讯社远东分社中文部编辑主任、主编新加坡《南洋商报》		《胡愈之出版文集》
12	储玉坤	留法	《新闻报》编辑、《文汇报》编辑、法国哈瓦斯通讯社中国分社编辑、《文汇报》总主笔、《申报》主笔、法国新闻社远东分社中文部主任	中国新闻专科学校、沪江大学新闻系、之江大学新闻系、致用大学新闻学系	《现代新闻学概论》
13	任白涛	日本早稻田大学政治经济学	创办中国新闻学社、《新湖北日报》总编辑		《应用新闻学》《综合新闻学》
14	曹用先	美国密歇根大学[①]	上海商务印书馆编辑所[②]	大夏大学[③]	《新闻学》

[①] 毛彦文.往事[M].北京：商务印书馆，2012：28.
[②] 雪林.一段值得介绍的婚姻（红藏·生活·第四卷第三十八期）[M].湘潭：湘潭大学出版社，2014：435-437.
[③] 毛彦文.往事[M].北京：商务印书馆，2012：28.

续表

序号	姓名	是否留学及留学国家	从业经历	从教经历	著作
15	王文萱	留日①	《经世日报》②	国立社会教育学院新闻系③	《新闻概论》（译）
16	伍超	留美"攻读新闻科"④			《新闻学大纲》
17	郭步陶	无	《申报》编辑、《新闻报》编辑主任兼主笔、《申报》（香港）、《星岛日报》编辑	复旦大学新闻系、《申报》新闻函授学校、中国新闻学院（香港）、新中国学院	《本国新闻事业》
18	任毕明⑤	无	《民国日报》《时报》《快报》主笔、《大众日报》总编辑	香港中华新闻学院	《战时新闻学》《评论学十讲》
19	赵君豪⑥	无	《申报》副总编辑	上海商学院新闻专修科、复旦大学新闻系、上海法政学院新闻专修科	《中国近代之报业》《上海报人的奋斗》

---

① 杉村广太郎. 新闻概论·黄序［M］. 王文萱, 译. 上海：联合书店, 1930.
② 冯国定. 忆萧一山先生［M］//中国人民政治协商会议北京市委员会文史资料研究委员会文史资料选编（第43辑）, 北京：北京出版社, 1992：104.
③ 苏州大学社会教育学院. 峥嵘岁月（第三集）［M］. 北京、上海、南京、苏州校会. 1991：229.
④ 伍超. 新闻学大纲·自序［M］. 上海：商务印书馆, 1925.
⑤ 任毕明，原名任大任，生于1904年，广东鹤山人。1925年在广西梧州创办《民国日报》，曾任《时报》《快报》主笔，主持过香港的《大众日报》。参与创办香港中华新闻学院，并任教。著作有《龙虎集》《风云集》《社会大学》《新社会大学》《战时新闻学》和《评论学十讲》等。
⑥ 赵君豪（1900—？）江苏兴化人。报人。"五四时期"求学于上海交通大学，经常给著名的《民国日报》副刊《觉悟》投稿，并与时任《觉悟》编辑的邵力子讨论种种社会改造问题。毕业后进入《申报》馆工作，抗战后任《申报》副总编辑。1929、1942年两度兼任复旦大学新闻系编辑教授；1930年兼任上海法政学院新闻专修科教授，讲授采访学；曾任《申报》新闻函授学校教授。1944年10月在重庆出版《上海报人的奋斗》。

续表

序号	姓名	是否留学及留学国家	从业经历	从教经历	著作
20	杜绍文[①]	无	杭州《民国日报》国际版编辑、《东南日报》《前线日报》主笔兼《新闻战线》周刊主编、《东南日报》总编辑、《文汇报》办公室主任	复旦大学新闻系	《新闻政策》《中国报人之路》《战时报学讲话》《国际新闻纵横谈》
21	胡道静[②]	无	《万有文库》编辑、上海通志馆编修、《通报》《中美日报》《大晚报》等报记者、编辑、撰稿人	上海法政学院新闻专修科	《上海新闻事业之史的发展》
22	张静庐	无	创办上海杂志公司并出任总经理		《中国的新闻记者与新闻纸》《中国近代出版史料》《中国现代出版史料》《中国出版史料》《在出版界二十年》
23	萨空了	无	《北京晚报》编辑记者、《世界日报》画刊编辑、《世界画报》总编辑、天津《大公报》艺术半月刊主编	民国学院新闻系、北京新闻专科学校	《科学的新闻学概论》

---

① 杜绍文（1909—？），又名杜超彬，广东澄海人。1927年入复旦大学中文学新闻组学习，1931年留校助教。后任杭州《民国日报》国际版编辑、资料室主任、浙江《东南日报》主笔。抗战期间主编浙江战时新闻学会会刊《战时记者》月刊，《国民日报》总编辑、社长；抗战胜利后任上海《前线日报》主笔兼《新闻战线》周刊主编。1946年至1951年间任复旦大学新闻系教授，1952年任上海《文汇报》记者、编委办公室主任。著有《新闻政策》《中国报人之路》《战时报学讲话》《国际新闻纵横谈》。

② 胡道静（1913—2003），安徽泾县人。1931年毕业于上海持志大学国语系。曾参加《万有文库》编辑和上海通志馆编修工作。"孤岛"时期坚守上海新闻界抗日宣传工作，任《通报》《中美日报》《大晚报》《密勒氏评论报》记者、编辑、撰稿人，同时在上海法政学院新闻专修科讲授新闻史课程，为共产党的抗日宣传培养新闻干部。1949年后历任中华书局上海编辑所编辑、上海人民出版社编审等。

续表

序号	姓名	是否留学及留学国家	从业经历	从教经历	著作
24	管照微①		复旦大学校刊编辑、1931年兼任上海新闻社记者	兰州大学经济系	编《新闻学论集》
25	项士元				
26	蒋国珍	疑为《中国新闻发达史》的译者而非著者②			
28	李公凡		不详		
27	鲁风		不详		
28	刘元钊		不详		

① 管照微，高中就读于上海立达学园，曾与王济深、刘仲达、唐旭之等先后组织了"时潮社"和"立达剧团"。后进入复旦大学新闻系学习，与伍梦窗、林楚君、向浦、徐之津等加入了复旦大学"左联"，并负责复旦大学的校刊编辑工作。1933年12月21日因宣传左翼思想被捕，后任教于兰州大学经济系。

② 虞文俊是东亚中国新闻史研究第一人.《中国新闻发达史》译者蒋国珍初考［J］.新闻界，2015（15）.

表2 书目

序号	年份	书名	作者	备注
1	1903	新闻学	〔日〕松本君平 著	
2	1913	实用新闻学	〔美〕休曼著 史青译	
3	1919.12	新闻学	徐宝璜[①] 著	北京大学新闻研究会讲稿
4	1922.11	应用新闻学	任白涛[②] 著	
5	1923.8	实际应用新闻学	邵振青 著	北京平民大学、国立法政大学讲义
6	1924.4	新闻事业	徐宝璜 胡愈之 著	
7	1924.6	新闻学总论	邵飘萍 著	
8	1925.1	新闻学大纲	伍超 著	
9	1925.2	新闻学撮要	戈公振[③] 编	
10	1927.9	中国新闻发达史	蒋国珍 著	
11	1927.11	中国报学史	戈公振 著	
12	1928.9	中国的新闻纸	张静庐 著	
13	1928.11	最新实验新闻学（上）	周孝庵 著	复旦大学新闻系
14	1928.11	最新实验新闻学（下）	周孝庵 著	复旦大学新闻系
15	1930.4	新闻事业经营法	吴定九 著	
16	1930.5	新闻概论	〔日〕杉村广太郎 著 王文萱 译	

---

① 徐宝璜，中国新闻学者、新闻教育家。1912年毕业于北京大学，后公费留美，于密歇根大学攻读经济学、新闻学。徐宝璜在美国密苏里大学受过系统的新闻学教育。

② 任白涛，笔名冷公、一碧，河南南阳人。1911年辛亥革命后，先后担任上海《民立报》《神州日报》《新闻报》驻河南特约通讯员，参加当地反袁活动。1916年留学日本，在早稻田大学攻读政治经济学，并加入了大日本新闻学会。

③ 戈公振所著的《中国报学史》最早由上海商务印书馆出版，是研究新闻学和我国新闻事业发展史的开山之作，国内外新闻界将之誉为中国首部新闻史学权威著作。任教上海国民大学期间，戈公振开始着手《中国报学史》一书的写作。在从事新闻工作之余，戈公振致力于新闻教育事业和新闻学研究工作，曾在上海国民大学、南方大学、大夏大学、复旦大学等校新闻系和杭州暑假报学讲习所讲授新闻学方面的课程，在新闻学研究上留下了许多著述。

续表

序号	年份	书名	作者	备注
17	1930.8	中国新闻事业（上）	黄天鹏[①] 著	
18	1930.8	中国新闻事业（下）	黄天鹏 著	
19	1930.8	新闻纸研究	〔日〕后藤武男 著 俞康德 译述	
20	1930.9	浙江新闻史（上）	项士元 编	
21	1930.9	浙江新闻史（下）	项士元 编	
22	1932.7	学校新闻讲话	袁殊 著	
23	1932.8	外人在华的新闻事业	赵敏恒 著	
24	1933.4	新闻学入门	黄天鹏 著	
25	1933.10	新闻学论集	管照微 编	复旦新闻学会丛书
26	1935	实用新闻学（上）	谢六逸[②] 编	申报新闻函授学校讲义之三
27	1935	实用新闻学（下）	谢六逸 编	申报新闻函授学校讲义之三
28	1934.1	新闻学	曹用先	
29	1934.2	新闻学概要	黄天鹏 编	复旦大学讲义、上海沪江大学新闻学专修科
30	1935	上海新闻事业之史的发展	胡道静 著	
31	1936.5	新闻学讲话	刘元钊 编著	

[①] 黄天鹏，字天鹏，别号天庐。1927年1月，他创办了我国首个新闻学刊（1929年扩改为《报学月刊》）并任主编；他是我国新闻学术史上最早研究新闻学之产生及发展史的学者，是我国具有新闻学术史观的第一人。他于1923年就读于北京平民大学报学系，1929年留学日本，修业新研究所，旋入早稻田大学新闻系。归国后出版了《新闻文学概论》《中国新闻事业》《新闻学入门》《新闻学概要》等十余本新闻学专著。

[②] 谢六逸，中国现代新闻教育事业的奠基者之一。著名的作家、翻译家、教授。1917年以公费生身份赴日就读于早稻田大学。1922年毕业归国，入商务印书馆工作。后历任神州女校教务主任暨暨南大学、复旦大学、大夏大学教授。1930年任复旦大学中文系主任，并创设了后来闻名海内外的复旦大学新闻系，任主任。

续表

序号	年份	书名	作者	备注
32	1936	本国新闻事业	郭步陶 编著	申报新闻函授学校讲义十一
33	1936.6	新闻之理论与现象	张友渔 著	
34	1936.11	记者道	袁殊 著	
35	1937.7	现代新闻学概论	储玉坤 著	国民党政府唯一指定大学新闻理论教科书
36	1938.7	战时新闻学	任毕明 著	
37	1938.9	中国近代之报业（上）	赵君豪 著	
38	1938.9	中国近代之报业（下）	赵君豪 著	
39	1938.10	基础新闻学	李公凡 著	
40	1939.7	中国报人之路	杜绍文 著	
41	1940.4	新闻学	戈公振 著	1932年完稿，另有1947年版
42	1941	新闻学的基础知识（上）	中美日报读讯会 编	中美日报读讯会实用新闻学讲义
43	1941	新闻学的基础知识（下）	中美日报读讯会 编	中美日报读讯会实用新闻学讲义
44	1941.7	综合新闻学1	任白涛 著	
45	1941.7	综合新闻学2	任白涛 著	
46	1941.7	综合新闻学3	任白涛 著	
47	1944.9	新闻学	鲁风 著	新中国自修学院约稿
48	1946.6	科学的新闻学概论	萨空了 著	另有1945.3出版的署名艾秋飚的版本
49	1946.11	新闻史上的新时代	胡道静 著	
50	1947.12	新闻学的理论与实际	〔英〕斯蒂德 著 王季深 吴饮冰 译	上海文化函授学校读本

幾句想說的話

中國的報人，一向沒有正確的路線，以致常繞了不少圈子，而連一個最起碼的目標，亦無法圓滿達成，這可以說是人世間的一大憾事！因客觀上有此憾事的存在，於是我國報人的地位，就易一般人所忽視。在我國，供職報界，係被目為「可為而不可為」的職業，報人能夠「多知、易知、先知」，所謂得聞風氣之先，此項精神的慰藉，證明報人未始不可以一為；但終歲勞苦，像遭受無期徒刑的人，沒有一天可息仔肩，且薪給菲薄，不能仰事俯蓄，冷酷的事實，又證明報人是不可做的。當前的我國，尚有一些要不得的殘餘心理，以為一個人苟選擇新聞界為職業，那末，他的一切差不多「完了」；較做官從政之足為「親族交游光寵」的，其間相去有如雲泥！此類心理的魔障，係我國發展報業的大敵！為什麼會有這種惡意的看法呢？簡言之，我國報人缺少正確路線，則力量不能表現，於是遂啓揶揄蔑視之漸。正本清源，展開於我們面前的，應該有一條坦蕩的大路！

我于役報界，倏屆四年，根據四載觀察之所及，認識我國報人是一塊生鐵似的，只要放進熔爐，勤加陶冶，就可鍊成一片優異的純鋼。抗戰建國大時代，乃我們報人的好機會，大洪爐，深信經此階段，我國報人一定會變成堅靭完美的良鋼。中華民族的巍巍

大廈，噱少不了這些良鋼的支撐的。

今春范長江兄蒞浙時，曾謂中國青年記者總會，擬編印一部新聞叢書，要我亦寫一冊；我當時即答稱，預備寫一本關於中國報人路線的稿子。青記總會的叢書計劃，迄今末見實施，浙省戰時新聞學會，竟先一步而有叢書第一輯的刊行，本文便充急先鋒，這對荒蕪的我國新聞園地裏，可謂是一點小小的墾殖工作，新聞學會的功績，很值得我們的稱道與讚揚！

本書係急就之什，戰時參考材料又不多，內容自然謝陋；倘荷　讀者不棄，對於我國報人應走路線這一論題，競作更深一層的檢討，則拙作之出版允不虛了。

杜　紹文　廿八年夏於蟬聲裏

怎樣辦地方報（八月出書）
記者技巧叢談（九月出書）

浙江省戰時新聞學會編行
各地正中書局總經售

目次

	頁數
新聞學能成立麼？	一—五
敵乎？友乎？	五—一四
論金鐵與紙	一四—二三
新「新聞政策」	二四—三一
新文器與新武器	三一—三九
報人道德論	三九—四四
兒童該有自己的報紙	四四—五二
創造新聞紙獨特的個性	五二—五九
建設中國本位的新聞教育	五九—六三
一個民族一個意志一個輿論	六三—六六
勇負起六大任務	六六—七四
正義與暴力的鬥爭	七四—七八
文化劊子手之倭寇	七八—八六
記者節與反侵略	八七—八九

中國報人之路

杜紹文著

新聞學能成立麼？

（一）新聞學是一門「學問」嗎？

許多人認為新聞學不夠稱「學」，頂多只是一種「術」，凡是高中畢業程度而文筆清通的人，就可幹得，其中沒有什麼奧妙。這種觀念與知識，日可確有不少的人同具此感，但「事實勝於雄辯」，此項看法是不對的。

首先，我們要知道，「學」的定義是什麼？根據各方的研究，我們歸納下來，可以分為三個定義：（一）學是指一種學問，這些學問，有其客觀對象的存在，亦有其主觀的系統性，可以經過不斷研究而不斷推陳出新，像哲學、心理學、社會學之類；（二）學是指一種學習，由於此項學習，使我們提高生活的技能，充實生活的內容，改善生活的環境，如運用各種學問以促進文化文明之類；（三）學是一種科學，這種科學，有其自然的社會的存在因素，我們可當它作有機體

，經過一定的分析、歸納、假定、演繹等過程，而求出它的結論來。本諸上論，我們可以斷定，新聞學不但是一門學問，且是一門綜合的「學」，它係政治鬥爭和思想鍛鍊的主要工具，亦係社會改造和各項建設的無上利器，且彙有教育、組織、宣傳、訓練等功能。普通人所說的：「新聞學者，係研究新聞理論與方法之學問也」，還嫌過於簡單，實際上新聞學的內涵和外表，並不止此。

（二）新聞學的研究對象是什麼？

新聞學的研究對象，一言以蔽之，就是「講求用什麼方法，把新聞從業員的技術水準提高，把一張新聞紙編製得格外合理化時代化」。詳細的說來，新聞學同旁的學問一樣，它是幫助人類去征服自然的，它是爲增進人類的幸福而存在與發展的。一張新聞紙的構成，不外是三種力量：第一種是人的力量，將各地方全人羣的一切動態，用文字紀錄下來，經整理和排印後，製出一張精神糧食的新聞紙。第二種是事的力量，沒有新鮮而正確的新聞，那末，新聞紙只是一頁「斷爛朝報」而已，發生不了多大的作用。新聞紙所要求的時事報道，不第要「與日新、又日新、日日新」，且要正確而迅速及詳細而動人。第三種是物的力量，紙張

、油墨、鉛字、機器等材料，皆是缺一不可的；我們有了技能高超的新聞從業員、和印刷人才，有了生動詳確的新聞，可是如果沒有紙張、油墨、鉛字、機器等材料，那一切的努力，結果亦只有徒然。

無論在時間上，劃分為封建社會的新聞紙、資本主義社會的新聞紙或社會主義社會的新聞紙；無論從進化上，有口頭新聞、手寫新聞、木刻新聞、活體的印刷新聞或機械的印製新聞；無論在基礎上，是發行新聞、廣告新聞或津貼新聞；無論新聞的形式上，是成册的、單張的或文字的、語言的、或固定的、流動的；可是，新聞紙的三大內容，即大眾化、教育化、時代化、民族化，一點亦不能有所鬆懈。研究的四大原素，即正確、迅速、宏博，一絲一毫亦不能忽略；新聞紙製造理想中的新聞紙之學問，就叫做新聞學。

（三）何謂新聞學之理論的體系？

新聞學之理論的體系，可以說因時因地而不同，我們可舉出一個明顯的實例：國社黨未秉政以前的德國，是主張新聞學應建築在昌明學術的基點上，舉凡報上的言論或新聞，以及辦理報業的人，一律須以具有啟發學術為依歸；到一九三三年一月三十日國社黨上台後，一切學術均送進「集中營」裏，新聞學的理論，

亦另換了一套，國社黨機關報的「民衆觀察報」，變爲德國活的新聞學校，從那裏播送出種族仇恨和侵略狂熱來。

當前的世界，新聞學的理論上，區爲四大主流：其一、是統制的，新聞學以服從統治者爲存在的條件，此外沒有什麼其他的內容，像德意日蘇諸邦，均是如此，新聞學被製成另一種「馴服的學問」。其二、是賺錢的，不管利用怎樣的手段，能夠賺錢就是新聞學的極峯，例如美國的「黃色新聞」，赫斯特系所鼓吹的新聞理論，第一是賺錢，第二是賺錢，第三亦是賺錢。其三、是別有容心的，像英國幾個著名的大報，如倫敦泰晤士、孟却斯特導報等，它們登載一則新聞或一篇評論，都是對國內外的政治上經濟上，含有某種操縱輿論、造成於已有利的成分。其四、是低級趣味的，如法國的報紙，競刊香豔小說或輕鬆文字，目的在逗人發笑，過着有趣的生活，其新聞學的理論，又與衆大不相同。

上述種種理論，均是有所偏頗，不能稱爲健全的體系。我們想像中的新聞學，應該包含有左列幾個因素：

它是綜合的，集各種社會科學、自然科學、人文科學於一爐；

它是比較的，存優而去劣，留其精華而棄其糟粕；

它是前進的,不斷自量的發展中,改進其品質,改善其內容與外觀;它又是新穎的,站在時代的前鋒,生生不息的新陳代謝着,做一切學問技術的先導者和模範者。

健全的新聞學之理論的建立,歷程雖艱苦,然我們孜孜不倦,矻矻不休,最後必能克服困難而大告勝利,把合理的新聞學理論發揚光大起來。

敵乎?友乎?

——新聞廣播與電影傳真果有害於報紙麼?

形成現代之勢力凡三::一曰科學,二曰商業,三曰報業。科學之能力,可使相處爲遠之人類,近如咫尺,可使四海之內,成爲一家;商業之能力,能調劑各地出產之盈虛;報業則能使人類之思想,互相交換。苟有商業與科學,但不能發達,而世界大同之目的,亦難實現交揚,則思想無從交換,科學與商業。

美國密蘇里大學新聞學院院長威廉博士名言

科學的發展,把世界另換一番面目和新裝,報紙之得爲文字工業,亦全賴科

學的助力,沒有電力輪轉機,則不能於頃刻之間印出大量的報紙;沒有利諾式的鑄字機及自動的排字機,又不能立將文字組成高速度的鉛版;沒有火車輪船電車飛機等新式交通工具,復不能將印就之報很快的散播四方;故科學的效能,表現於報業的至大且鉅。報紙之由口傳新聞、手寫新聞、木板新聞、石印新聞到活動鉛字的新聞,以迄於利用機器的新聞,係報紙劃時代的大發展,其間得力最多的,就是拜科學之賜。

新聞廣播的諸優點

人們到了利用科學的時代,一切均要求其加快加速,「現代報紙」,雖能於須臾間採集所有新聞,然須經過寫稿、排印、發行諸程序,始能送到讀者手裏。歐美各大報,特別是有八百萬市民的紐約,雖有朝、午、夕、夜等版和臨時號外,然同樣的須經過各種製造的部門,無論怎樣飛快,亦須相當時間。所以讀者獲視報紙,設備現代化的歐美報業,本地的則須於新事件發生後的一二小時,外處的則須在數小時或一二日之後,倘在設備不充交通梗阻的我國,報紙多只有晨刊,讀者展開報紙,至少已距事件發生時較久,因此新聞的報導,其時效途變為較舊者展開報紙為媒介,其手段亦屬間接的。由於現代人們要求迅速而新鮮的新聞求

知慾，無線電台因有新聞廣播。新聞廣播比報紙有幾個特長：第一、它能報告突發事件，當報紙尚在製造途中，它已能原原本本詳細報告，尤其是關於戰訊，人們皆熱望早一分鐘一秒鐘知道，只有新聞廣播可以滿足這個期待。第二、它能超越空間時間，無遠弗屆，轉瞬可聞，「以太」聲浪的播出，可以不受高山大川的限制，復能一刻萬里遐邇咸聞，在人民多備有收音機的美國，尤易抓住羣衆。第三、新聞廣播的報告員，如物色得人，口齒伶俐，音調爽朗，則其控制聽者的力量，可以說與名記者並駕齊驅，芝加哥講壇報電台的報告員稽彭士，每分鐘能報告二百十七字的新聞，較普通報告員多九十二字，復字字清晰，句句動人，因是聲譽鵲起。第四、新聞廣播，爲若干偏僻地方的報紙，所恃爲大部新聞的來源，且備一收音機與一收聽人卽已足，代價至低，而全球大事，又扼要可聞，使當地人士，得儘速明白各大事件，對於地方報紙及地方文化的幫助，以及地方人民的服務，其成績極爲優異。第五、新聞廣播的機件與人員，比報館減少許多，開支又少了許多，且廣告播音的收入，比報館的紙面廣告來得多來得易，它有如一支精悍的輕騎，可以到處突擊無往不利，報社則易受種種環境的束縛。第六、新聞廣播常有音樂、歌舞、故事、講演等串插，材料軟硬兼有，很能調劑人們的枯燥

敵乎？友乎？

，況新聞簡短，先經精編，加以報告員動聽的聲音，更令人如置身發生新聞之場，自易啓深切逼眞之感。

廣播亦有時而窮

美國新聞界中，現頗盛行下述兩句話：「新聞記者不但需要行文優美，抑且需要音調悅人」。所謂行文優美，係指普通的寫作技術而言，所謂音調悅人，則指必要時得能播送新聞。美國許多記者，現多拋開打字機而入播音室，一時蔚爲風尙。新聞廣播果可取報紙而代之麼？我們如稍加思索，則可知其無此可能。現在有不少人就憂着報業的沒落，亦證明他們純屬一種過慮。

報紙有報紙的特徵，新聞廣播無論如何進步，決不能彙有報紙的機能。報紙有什麼存在的價值呢？其一、報上的紀錄，係梐活的史料，「今日係新聞，明日即成歷史」，新聞乃歷史的前身，歷史則爲新聞的後影，我們披閱報紙，一面展讀新聞，一面即保留歷史，故報紙具有兩重的使命，亦具有兩重的價值。新聞播音則一瞬即逝，杳無可尋，不能追索，不留痕跡，充其量僅能幫助報紙報道的不及，而不能代替報紙而存在。其二、報上搜羅萬象，自世界動向邦國大事以至市井瑣聞，莫不應有盡有，內容豐富，任何級層，皆所喜讀，此外復有學術文字的

登載，悠閒小品的點綴，令人一紙在手，趣味橫生；新聞廣播則不過為播音節目之一，通常只有十分鐘左右的時間，題材極為簡短，情節極為單純，自不易使關心此一新聞的人，能獲滿足，當有待於報紙以詳述之。其三、文字較能令人運用理智的估量與判斷，聲音則偏於情感的激發，所收印象，文字較深，倘經遺忘，亦便查考，新聞廣播節目，過多則聽者易亂，過簡則又有不足之憾，且地名人名，發音每難正確，播音器與收音機，亦難隻隻均佳，如有疑義，又不能提出詢問或答覆，自無報紙記載上的正確詳明。其四、無線電收音機，目前仍為一種奢侈的娛樂品，不能盡人可有，即最富庶的美國，平均亦僅五人一架，苟純恃新聞廣播，安能遍及全民？況收音機的價格頗鉅，又須耗費電力，且須隨時檢驗與修理，最小的手提收音機，其重量亦達數磅，返觀報紙，則一日所費只數分，紙張隨時可摺疊，隨地可取閱，看過之報，既便庋存，亦可利用，一物而數益備臻。其五、報紙的任務，不但報告新聞，抑須解釋新聞與暗示新聞，每一突發事件，除新聞的揭載外，還須另用文字為之闡明；此外，民眾向視報紙為喉舌，每有所感，輒借報紙篇幅以表達，這種「公共輿論」的功能，新聞廣播絕對不能辦到，是以新聞廣播的影響，終無報紙之大。其六、最初的播音事業為廣告，次為歌曲，

再次始為新聞。特別是商辦電台，更用全力以播送廣告與音樂，而視新聞為副業，政府電台則偏重講演與政令，報社電台復不能以充分時間解釋時事的問題。以我國言，內地既無電流或乾電的供給，收音機一般人又買不起，新聞播音更絕對無妨礙報紙的能力。

從繪聲繪影到音容宛在

「電影傳真」，亦名電視或無線電傳影，英文叫做 TELEVISION，它是 RADIO 的小弟弟，現在這個小弟弟，竟青出於藍，侵入無線電播音的國土了，此朵科學界新放的奇葩，它造成了天涯咫尺的奇觀，真可謂音容宛在四海一家了。

現有三種電影傳真法，第一種為播送底片，將已經洗就的底板播送開去，和普通的電影一般。第二種為間接傳影，把當時要播送的景物攝就，然後將底片冲洗出來，裝上播送機放送出去。第三種為直接傳影，無須再用底版，將景物直接由播影機發送，這是最理想的傳真法。用電影傳真法以播送新聞，現屬於上述第二法；最後一法固屬圓滿，但有許多困難不易解決，所收到的景象，又為一條一條的粗線所組成，模糊多於明朗。

倫敦的亞歷山大宮之傳影電台，於一九三七年五月十二日英皇加冕時，曾從

威斯明士特寺，把加冕盛典的經過，詳細傳出，當時以為只有距亞歷山大宮約三十哩的周圍內，方能收得它的傳影，然結果遠離倫敦五六十哩的布來屯（BRIGHTON），亦能清晰收到。同年十二月三日，該電台的電影傳真，即遠隔重洋相距三千餘哩的紐約江頭電台，亦可收到，可謂不斷進步不斷成功。電視術最初出現於德國，柏林有四所設備完美的電視放映院，每週有三天放映電視的節目；英國則每週至少有十六小時的傳播；美國現則每週僅有兩小時；法國則尚在實驗時期意大利的西帕爾（SEPAR）電視收音機，已能放映暗綠和黑白兩色的傳真電影。在柏林，餐館中多有傳影機的設備，德意舉行足球比賽時，十二萬人親自觀戰賽，每一動作亦立現於銀幕，報社方面，可不必等到訪員囘來報告，就可將競賽經過勝負誰屬，立刻發布詳細的號外新聞。人們具着強烈的求新慾，從前要求傾聽外間的新聞音樂或演講，現在認為耳聞不如目見，進一步要求晤對一室了。電影放映（包括有聲與默片）、無線電播、與電影傳真，可以說是現代科學的三傑呢。

電視普遍尚有待

現在有許多神經過敏的人，以為電影傳真發達下去，不第電影與無線電播音壽終正寢，即報紙亦將被其排斥，這未免有點「杞人之憂」。我們自電影傳真的技術上，與電影傳真器的價值上，證明它連普通的新聞片尚不能打倒，影響於報紙方面尤其渺小。播送新聞的傳影，在技術上現有無庸諱言的困難，因供給廣播傳影的底片，必須於攝就後三十秒鐘內洗出，緊接在另外三十秒鐘內，便須廣播出去，中間只有一分鐘的過程，以現有的機械言，無論如何不能圓滿達成，倘逾一分鐘，則所傳出來的影與聲，就有不相符合之處。英國白特（BAIRD）電視公司的不少工程師，竭力想補救這個缺憾，目前還沒有顯著的成績。其次，電影傳真器的數量，現雖一天天的增加，以英國言，就有二十家商號從事此業，做出五十八種不同型的收影機，前年五月英皇加冕時，英格蘭一地，僅有二千架收影機，到今年三月，激增至六千架以上。惟在價格方面，收影機現仍難大眾化與普遍化，英製之機，每其最低價須二十二鎊，德造的則最低價每架要六百馬克。這種昂貴的價錢，一般人是買不起的。電影傳真受着技術與價值兩方的限制，於是電影與播音，仍擁有雄厚的勢力。倫敦亞歷山大宮的電台，現在亦只能播送戲劇歌舞等節目，而用電影傳真報告新聞，可以說仍在啓蒙時期和草創時期。價廉量多的

報紙，絕對不易被消滅。未來演變雖不可知，但此時的電影傳眞，根本無害於報業，甚至較新聞廣播尤不足畏。

總之：新聞廣播與電影傳眞，表面上是妨及報紙的，然在刺激人們的求新慾和求知慾方面，又是有利於報紙的。也許若干時期以後，經過科學家的改進及發明，文字報導的報紙，和言語報導的新聞廣播，以及音容俱顯的報導之電影傳眞，會三位一體化了；在眼前，報紙

右圖爲最新式的垂直天線廣播電台，不受方向性的束縛，成績極佳；右角爲紐約帝國大廈巔的無線電影播送，能將影像播送至五十哩以外，每秒鐘播影三十個。

論金鐵與紙

（一）釋題

在未論及題中應有之義以前，因為題目有點生硬，需要一番「釋題」的註解。我們望文生義，自然知道金是金錢，鐵是鋼鐵，紙是紙張，本來是風馬牛不相及的東西，我們把它相提並論的緣由，就是說明它們彼此間的聯繫性，平時既然密切，戰時尤為緊湊，所以英名記者李特（Lerter）說過：「在戰鬥的準備上，必須具備金錢、鋼鐵和報紙這三大要件」。現代戰爭絕非軍事上的單純動作，而是所有軍事、政治、經濟、外交、新聞等綜合力量的抗衡，這就是德軍事學家魯登道夫所講的「全體性戰爭」。上屆歐戰時英國特組宣傳局，以報界巨頭北岩爵士主其事，他在就任局長時，有一篇動人的談話：「交戰國為孤立敵國的外交，

和新聞廣播電影傳真，一方是存着矛盾的競爭，一方又存着統一的進展。我們報人，不特不能仇視這兩種科學的新利器，相反的，必須引為親摯的同伴，這樣，新聞的園地，總會與日俱新啊。

削弱敵國的力量，並動搖敵國的民心士氣起見，一面盡量暴露敵人的醜惡和殘虐，一面對於敵國民衆則盡量表示憐惜愛護。完成了以上工作，就能不戰而屈敵人——。我國昔時的戰略家，像孫臏吳起之流，亦屢有「攻心爲上、攻城次之」的闡述，宣傳武器如能使用得宜，則可遠勝百萬堅甲利兵的大軍；如果說外交是潛性的戰爭，間諜是無血的戰爭，那麼，報紙可以說是操縱理智控制感情的戰爭。歐戰的末期，英國宣傳局在我們的上海，編行一種報紙，叫做「誠報」，天天以同盟和文字，說明德人的兇殘。本來歐戰是帝國主義的火拼，和我們弱小的民族毫無關係，但國人看了「半賣半送」的誠報以後，對德心理，不禁自然而然的深惡痛絕了。英國宣傳局在其勢力所及之處，都辦有這種反德的刊物，收效極有可觀。可見金錢和鋼鐵，雖是戰爭中制勝的因素，但是其最後的決勝工具，則有賴於報紙的宣傳。

一個戰爭的演出，金錢鋼鐵及報紙三種，實缺一不爲功。

（二）金錢　金錢　金錢

國與國間的戰爭，原係政略極端衝突的表現，它不僅取決於軍事力，尤取決於經濟力。經濟力包括四種成分：一是財政，二是金融，三是產業交通，四是內

外貿易。一個國家，能夠支持大規模戰爭至最後五分鐘，則自可穩操勝算。所以許多人都說，戰爭的原動力，第一是錢，第二是錢，第三亦是錢，即蓋世梟雄的拿破崙，他的唯心觀念最強，亦不能否認金錢的魔力。

財政係經濟的母體，它的反應力特別強大，國家的盛衰，往往以財政之是否豐嗇而定。戰時財政尤為把握最後勝利的前提。喪失這個前提，那麼，無論金融統制、貿易管理、工業動員、食糧運輸之類，均將無法進行了。戰爭乃財政最大的消耗，這種消耗的程度，跟着戰爭酷烈性的程度而繼長增高。我們試看第一次世界大戰時，參戰各國的消費，舉要如下：

國別	戰爭初期每日平均戰費	戰爭末期每日平均戰費
美國	一・五〇〇萬美元	六・四〇〇萬美元
法國	八五〇萬美元	三・二〇〇萬美元
英國	九四六萬美元	三・三三六萬美元
德國	一・三〇〇萬美元	一二・四五〇萬美元

我們如再比較歷次戰役的戰費，則歐戰時已稱巨觀了：

戰役	時間	所耗戰費（單位百萬美金）
拿破崙戰役	一七九〇——一八一五	一二・〇七〇
克里米戰役	一八五四——一八五五	一・七〇〇
美國南北戰爭	一八六一——一八六五	七・〇〇〇
普法戰爭	一八七〇——一八七一	三・二〇一
南非戰爭	一八九九——一九〇二	一・二五〇
日俄戰爭	一九〇四——一九〇五	二・一〇〇
世界大戰	一九一四——一九一八	二〇八・三〇八

根據右表所示，則戰費和時間成正比例；試以敵國言，清日戰爭時是二萬萬零四十七萬五千圓，到日俄戰爭時，激增爲十七萬萬二千六百四十四萬三千圓，世界大戰（包括西伯利亞出兵）時，因敵國乘機取巧，沒有什麼硬仗，只有靑島和海參崴兩次試探戰，故戰費僅化十五萬萬九千萬圓，現在的中日戰爭，去年就支出五十四萬萬三千萬圓，本年度的軍事支出預算，第一次是二十八萬萬六千萬圓，第二次追加預算是六萬萬四千餘萬圓，第三次再加上所謂對華軍事費四十八萬萬五千萬圓，合計八十三萬萬六千餘萬圓，我國抗戰延長一日，則敵的大量消

耗提高一度，將來第二次世界大戰，它所耗費當十百倍於上次歐戰。難怪各國的理財家，一談「戰爭」而色變啊！

（三）鋼鐵是戰爭的骨骼

戰爭是一個「有機體」，鋼鐵為其骨骼，石油為其血液，火藥則為其肌肉；欲支持一個戰爭，鋼鐵、石油、火藥，均絕對不能缺少。

法國為什麼必要收回亞爾薩斯羅倫兩州？不是為了擁有一千餘萬的法國人，而是該處有遍地的鐵苗，遍地的煤田，以該地的煤，鍊該地的鐵，正是「兩美并」的傑作，係法國國防不可少的要素。德國為什麼一定要收回薩爾？不是希特勒「阿利安種族的崇拜」，亦不是德國「必不可少的榮譽」，而是該處有着豐富的鐵礦，足供製造軍火之需。

現代世界軍備最強的國家，都是重工業最發達的國家，亦是重工業中鍊鋼技術最巧妙的國家。故以鋼鐵工業的良窳，做該國軍備強弱的尺度，是一椿最精確沒有的寫真。當代最擅鍊鋼的國家，第一是德，第二是美，第三是蘇，第四是法，第五是英，第六是捷。德國克魯伯兵工廠的溶鐵爐鍊鋼爐，很可獨步全球。歐戰時在法境隆昂城附近叢林中，德國用四十二寸口徑的大砲，砲身有十層樓那樣

高，砲座則高廿五呎，一砲打向巴黎，砲彈即在巴黎市中心爆炸，兩地相距七十五哩，砲彈在空中須行進三分鐘之久。這樣的大砲共有兩門，一門於演習時自炸，光是一門這樣長射程的大砲，已使巴黎居民為之心悸胆寒。克魯伯一面是鐵的溶流，一面是血的狂噴；欲免流血，必先鍊鐵！

我們以敵國為例，它是鐵礦最貧之的國家，從前它每年在我遼寗的撫順、本溪、馬鞍，湖北的大冶，江西的萍鄉，運去大批的鐵砂，供給其軍火的製造。假使沒有我們的鐵和我們的煤，它們的工廠只有「關門大吉」這條路。最近，它又竭力效法美國鍊鋼的技術，預備每年至少鍊成五百萬噸的純鋼，一再向美國購入輾鋼的機件，延聘美籍鍊鋼的技師。自今年起，差不多每月要向美國購買三百萬美元的鍊鋼機器和原料，——鍊鋼需要機器，而機器又需要原油，敵國對於生鐵、機器和原油三種，均靠美國的接濟，故敵國為適應戰爭的要求，現正努力使其重工業近代化，倚賴美國的產品，倚賴美國的標準技術，以及倚賴美國的大量生產而有出口餘裕的上等貨色。敵國需要質輕而性韌的純鋼，這些，都要靠美國的人力和物力的。

自經濟機構上看，弱小民族和殖民地多為農業社會，因為農業的生產，一方

才可供給資本帝國主義的需用，一方又不致和帝國主義的出品有所衝突。至於新與的民族國家，則多為輕工業社會，沒有單獨擴充軍備的能力，仍不能和帝國主義們一較短長，資本帝國主義的國家，才擁有完善的重工業，從生鐵到純鋼，復經純鋼而製成精良的武器，即用優越的武器，去做殺人越貨傷心響裡的勾當。

（四）紙彈與子彈

現把「勝利之劍」到處亂插的日耳曼民族，強毅精悍則有餘，過密肆應則不足；所以它長於軍事政治，而拙於外交宣傳。三百年來，它常常吃英國的虧。英國有孤立的理論，而無孤立的實際，它和德國恰恰相反，它要他人代其打仗，萬一非挺身而出不可時，它亦竭力把罪名落在別人身上。盎格魯遜民族為什麼有這種技巧？簡言之，就是重視宣傳運用宣傳的結果。希特勒在其聖經「我的奮鬥」中，曾沉痛指出德國宣傳戰的失敗，他說：

「歐戰德國的敗績，非軍事之咎，而是由於宣傳技術的不及人。協約國方面，把宣傳當作無上的武器，返顧同盟國方面，則不過視為一種敷衍塞責的具文。德人恆目宣傳為失意政客謀生的末路，亦為無名英雄棲身的微職，所以宣傳成效，全等於零」。

希氏這一席話，可謂現身說法頭頭有道，國社黨的特設宣傳部，宣傳部的特辦宣傳大學，宣傳大學的特授宣傳博士等名器，都是補救德國忽略宣傳的慣性。但不幸得很，希氏的納粹政治，現復為世界多數人所痛斥，德國的宣傳依然不行，這顆「紙彈」顯然又敵不過「子彈」。

我國此次的神聖抗戰，充分使用「紙彈」的威力。我們深知物質之準備不如人，軍事之裝備更不如人，故以攻心的紙彈，俾濟戰場上子彈之窮。我們這種紙彈的成分，不是火藥和鉛頭，而是正義和事實；以正義制裁侵略，以事實揭破陰謀，使敵人雖在子彈上稍占便宜，可是紙彈方面則大敗特敗，全球愛好和平崇尚正義的人們，都站在我們這一邊，援華反日的運動，更如火如荼普遍於世界的任何角落，我們的紙彈已攻陷敵人的心房了。

我們這顆紙彈的力能卻敵，並不是無故而然的。遠在民國二十五年六月三十七日，中央已布置新聞戰；換句話說，就是充實並磨鍊作戰的紙彈。當時的準備計劃是這樣的：（一）照原有出版的數量，存儲半年以上的紙張油墨和各種器材；（二）登記與測驗戰時的工作人員；（三）為準備敵機轟炸，應於報社所在地預備第二出版地點：（四）應於其他適當地點，籌辦另一出版處所，以備萬一邊

移之用；（五）各項器材，應分散存儲，力避集中一處；（六）戰爭開始，應立即縮減篇幅；（七）同在一地之各報，可能時聯合出版；（八）指承編輯戰訊的最低守則，及應付戰時的特殊原則。以上八項的準備工作，在萌秋戰起時，多已分別準備就緒，我們這顆紙彈的一鳴驚人，根本並不是偶然的。

檢點這顆紙彈的內部成分，以及它所可及的射程，我們又發現若干美中不足的缺點。在國內方面，漢奸敵探，多如牛毛，徵兵募欵，到處困難，腹地人民，對於抗倭戰爭，尚多漠然視之，前線軍隊抗戰民衆逃亡的痛心現象，和後方人民醉生夢死的麻木形態，殊令人大爲焦慮！這種要不得的現狀爲什麼會產生呢？由於敎育不普及者半，由於宣傳不深入者亦半，而過去報紙的不能使人人買得起，看得懂，和過去報紙的不能散布民間，允推爲構成這種畸形狀態的主因。

製造和應用這種紙彈，不重在消極的事後的檢查，而重在積極的事前的推動。

宣傳的原則要單純，宣傳的方法則要統一集中與普及，其大要應如下述：

單純：我們只有一個敵人——日本帝國主義，一個意志——把敵騎趕出去，一個信心——抗戰必勝建國必成；爲欲達到上列目的，我們又須信仰一個主義——三民主義，擁護一個政府——國民政府，服
建立獨立自由幸福解放的新中國，

從一個領袖——蔣委員長。我們宣傳的原則，祇有這麼簡單純粹的「一個」。

統一：宣傳機關得根據歷史的背景和事實的需要而「分立」，但絕對不能陷於「對立」，宣傳的最高決策及宣傳的主要資料，且必須絕對統一。

集中：宣傳目標，應該集中一點，在最重要最明白最簡單上用功夫，使人人應知怎樣去做，和人人應知必做那幾件事，務須避免瑣碎、複雜、艱深的「大塊文章」。

普及：要將集中的宣傳目標，普及到全國大眾，使全國的每一寸地，每一國民，不論他識字與否，都受到宣傳的影響，都有敵愾同仇的心理，與禦侮復興的精神。

單純、統一、集中、普及，係戰時「紙彈」的必要原料；缺乏這種原料，就減少了「紙彈」的爆炸力和破壞力。三十二條的抗戰建國綱領，悉能脗合單純、統一、集中、普及的宗旨，我們必須把綱領中的每一條，每一行，每一句，每一字，全部灌注到全國軍民的腦海中，並以之訴於舉世的列邦人士。我們要珍視這顆「攻心利器」的紙彈，遵照 蔣委員長「愛惜火力適當運用」的訓示，打倒日本帝國主義，建設燦爛光輝的大中華！

新「新聞政策」

（一）新形勢新需要與新方針

抗倭戰爭已轉入另一新階段，這一階段，因和最後的勝利近一步，故其艱苦亦多一分，我們必須克服這些有限的艱苦，纔能爭取無窮的勝利。我們為應付敵寇最末的一逞，孤注的一擲，除在軍事上作機動的反攻，政治上作政略的進攻外，在思想方面，我們尤須以齊一的步伐，用統一的陣容，實施宣傳的新方針，適合當前的新需要，藉以創造一個光明開朗的新形勢。實行思想戰有三個目的：一是增強我國的力量，一係削弱敵人的力量，另一則為發展第三者同情的力量。

國民參政會第二次大會，曾由參政員胡景伊等二十一人，向大會提出「確立戰時新聞政策案」，當經修正通過，內容計分三部：第一為確立戰時報導原則，以抗戰建國綱領為標準，制定新聞報導的具體綱目；第二為調整新聞宣傳機構，樹立合理的新聞檢查制度，並謀擴充全國通訊廣播事業，扶助全國新聞事業，加強國際宣傳力量；第三為增進新聞記者的工作效能，使記者的學術技能，能配合

大時代的需要，負荷抗戰建國的兩重責任。這個提案，我們報界中人，實如大旱之望雲霓；因為抗戰雖一年多，但關於報導的原則，迄無明確的提示，報人大有莫知適從之苦；而新聞檢查制度，在人事與工作方面，報人頗感不便，一般人均主張消極的檢查，不如積極的指導；至於報人之未能克盡厥職，往往於無意間洩露軍事的秘密，少數敗類，復甘認賊作父，代敵人執行懷柔麻醉諸工作，所以報人的善為鍛鍊，亦屬亟務。

中央宣傳部有鑒及此，曾明白揭示今後我國宣傳的方針，為把握國家之客觀的需要，啓發國民之真摯的信仰，並提出四大原則，以為貫澈此新方針的必由之路：（一）以民族精神對抗強敵，（二）以民主制度集中國力，（三）以國防計劃建設經濟，（四）以科學原理健全思想。中宣部此項決定，亦可認為我國戰時新聞政策的一部。經參政會這樣加以確定後，我國報業與報人，均不致徬徨無所適從，而喜遵循有自。這是抗戰建國新形勢下，有此迫切的新需要，由這合理的新方針，俾可適應此後的新需要，而展開未來光芒萬丈的新形勢。

（二）新聞政策不是一個新名詞

新聞政策的運用，可以說係人類的一種本能，亦是人羣有二人以上的一種現象。人類是有智慧靈感的動物，能利用外力以使其趨利避害；趨利避害有三個方法：（一）利己兼利人，（二）利己而不損人，（三）利己而損人。利己為人類言動的基點，視其客觀的情勢與需要，再定其利人、不損人、或損人的對策，當然是以利己兼利人為上，而以利己而損人為下的。耶穌、釋迦牟尼、摩汗默德等教主，他們的宗旨雖是捨己救人，但其出發點，則在於推廣其一己所崇拜的宗教信仰，必要時不惜以軀體殉信仰，亦以自己的立場做中心。所以新聞政策的表現方式或包含內容雖不同，而其發自人類趨利避害的本能，則亙萬古而不變。

最古的時候，人們尚沒有共通的語言，羣以「圖騰」做行動的符號，為避開洪水猛獸的襲擊，不得不結成一部落，選擇有利地帶而卜居，此時人類的思想和慾望最單純，就是如何方能生存生殖而不會陷於死亡。人人以好生惡死為最高的目的，為使貫澈此目的，故運用種種利己的行為。到了語言流行以後，口頭新聞因之崛起，人們更易以鼓動聽聞的言詞，發揮其利己的作用。可是語言受了時空性的限制，在時間上不能遺傳久遠，在空間上尤不能大眾咸聞，於是復做效「鳥獸之跡」而出現了文字，文字的形成，使人類永遠榮膺「萬物之靈」，因為其他

動物生下來，需要重新學習的功夫，人類則不必需了；許多發明與發見，由文字紀錄下來，而不必重起爐灶了。沒有文字時代，「言而不文，行而不遠」，不能吸引人們興趣的言語，是沒有傳播遠地的可能的；有了文字之後，不管是刀刻於竹簡也好，不問是筆書於帛印於紙也好，不論是石印油印鉛印於無數的紙張也好，一樣的是施行利己的宣傳，一樣的是有意無意間應用巧妙的新聞政策。

新聞政策的遞嬗，可劃分為幾個階段，它為力量，係與時間成正比例，歷時愈久，則運用技術愈精巧愈靈活的。

新　聞　　口頭新聞　　手寫新聞　　印刷新聞

經　濟　　湖泊經濟　　河川經濟　　海洋經濟

社　會　　游牧社會　　農藝社會　　工業社會

制　度　　　　　　　　封建制度　　民主制度

（四）國策的尖端

近代民族國家的出現，因求這個大團體之適於生存，需要軍事、政治、經濟、外交、文化等武器，用以強化自己，削弱敵人，並多聯友人以孤敵勢，運用這些武器的具體原則，就叫做「國策」。新聞政策到近代，自然而然的變成國策的

一部,它以國策為政略戰略,而以紙張、筆墨、廣播、放映等工具為利器,從事於克敵制勝的思想戰、言論戰等戰鬥戰役,而預期收穫利己損敵的戰果。立國於現代國際之林,不可不有一力策萬全的國策,然後始能保障國家領土主權行政的完好無缺,或可進而宣揚國威於異邦,這是現代國家絕不可少的要件。

應用新聞政策最有成效的,首推法西斯蒂的意大利,對於國內國際的新聞方針,每一天甚至每小時,法西斯蒂黨部都有極詳細極明晰的指示,為了想得倫敦金融界一大筆借款,用以救濟其行將破產的「里拉」,所以意國各報紙各雜誌各戲院各電台,一律奉命恭維英揆張伯倫,使英意協定得以締結;迨該協定實施無期時,意又在近東,在北非,在西歐,拚命的用文字,用聲音,用行動,威脅英帝國的權益,挑撥英屬領的反感;英方決定實施英意協定了,於是意國勢力所及的地方,反英宣傳戛然中止,靜待倫敦紳士掏出腰包;將來如對意貸欵和在阿投資,不能滿足法西斯蒂意大利的慾壑時,則反英宣傳必然的再來一套,墨索里尼是以新聞政策助其武力政策所不足的,在無需發動武力或武力不能奏效時,羅馬就訂定了若干有效的新聞政策,進襲對方困乏對方並打擊對方,必使對方屈服而後已。這不過是例證之一,但已足說明此項「無血的戰鬥」,墨索里尼是一用再

用的。我們如欲觀察新聞政策在國策中佔有如何的地位，那末，十五年來的法西斯意大利，就是一個很好的寫照。

納粹德國的運用新聞政策，沒有其把兄意國來得有力，跋足健將郭培爾的宣傳法寶，有許多處顯見費力多而收效少的。不過他的騙人技巧特別純熟，連其師伯墨索里尼，都要向他請教。據說一九三五年意國侵阿之役，意軍屢戰屢敗，死傷纍纍，墨氏深恐戰報披露，則民心士氣，必受動搖，因獨裁的全能國家，是只許勝不許敗的；倘秘不發表東非戰形，又怕人民多所疑慮，結果不得不求教於「宣傳聖手」的郭培爾，郭氏囘示是如此的：「第一次據實揭佈，取得人民無保留的信仰，以後即可憑此信仰，隨意捏造。」墨氏如法泡製，果然大奏膚功。至於軍閥專政下的敵國日本，根本只有槍桿和刺刀，並無新聞政策之可言，敵國報業與報人，只能在槍刺的刧持下代為造謠，此外即無可說。敵國在華斑斑的暴行，縱有新聞政策，亦不能文過飾非的。

（四）一種護符一種武器

新聞政策的最高造就，是締成「一個民族、一個意志、一個輿論」。一國的輿論，代表一國的意志，古人所謂觀人之國者，不視其朝而視其野，朝是官方的

勤態,野是民衆的園地,民意的好惡,最足表示朝政的良窳。從古到今,統治階層和被治民衆,又往往隱約間站在對立的地位,求其朝野一致官民一體,可謂未曾有過。以堯之德,孔夫子把他象徵覆人之天,然仍不能折服一野士的許由;可見把無數人所結成的民族,要其凝成一個意志,呈現一個輿論,洵為一椿偉大而艱難的工作。

自人類社會出現了帝國主義以後,這批專以殺人越貨打家刦舍為職業的大盜,他們想用微妙的託詞,做其侵略他人的烟幕彈;而身受魚肉的弱小國家,為抵抗強梁維護生存,更需要把全民族構成一個有機體,統一信仰,集中志意,整齊步調,準備迎擊無故侵凌的國際強盜。所以「一個民族一個意志一個輿論」,是新聞政策具體的結晶,侵略國需要以此為護符,被侵略國尤須藉此為武器。

我們現在,正以全民族力量的總和,與日本帝國主義作殊死的周旋,「民族至上、國家至上」,「軍事第一、勝利第一」,「意志集中、力量集中」,這三個指標,一方是最高度的昇華,一方又是最低線的要求;我們希望從這新「新聞政策」的確立,促成「一個民族一個意志一個輿論」的實踐。

本文作者,曾於民國十九年秋,著有「新聞政策」一書,交由上海光華書局刊行,對於新

30

聞政策的溯源、演變、價值、趨勢等等，頗有詳盡的發揮，此書各地圖書館均有購存。讀者對新聞政策有未明其涵義和作用的，可就近一閱拙作，即能釋然。又拙編「近百年來中日兩國新聞事業比較觀」（民國二十一年現代書局版），共中關於中日兩國之新聞政策，亦有專章討論，或可資必要時的參考。

新文器與新武器

戰時宣傳落後一着，遂影響到全盤軍事的成敗。

——德廢皇威廉第二

歐戰時同盟國聯軍的失敗，不在於前線戰鬥的挫折，而在於國際宣傳的缺如，故宣傳與應與砲火並重。

——德故名將魯登道夫

上次大戰，協約國提出「為生存而戰、為正義而戰、為公理而戰、為和平而戰」的口號，誘致各國的參加助戰，於是德勢益孤，勝算益少，而不免於失敗。

——德宣傳部長郭培爾

世界大戰中，德國所以蒙受國際惡評者，不惟係因敵方為達到戰爭目的而作的反宣傳所致，即許多中立國家，對於德國亦缺少認識而然，於是前德人在大戰中對於躍起狂奔的國際宣傳事業，終未獲得成功。

——德外交部國際文化局局長佛萊伊達克

（一）殺人利器日新月異

當前的和平，是建築在武裝上面，大家競事擴充軍備，彼此均有所畏而不敢動手，就維持了這個百孔千瘡的和局。軍備的競賽，已達到無可復加的最高峯，無論高武器、重武器、水武器、毒武器，莫不營營逐逐，竭力爭占上風。

法西斯國家所以橫衝直撞，即自恃有了新式的武器，它們認為有了新武器，便可以為所欲為。據可靠方面的情報，德國新發明了三件軍事利器：第一是「重砲坦克車」，此物形如砲台，裝備又如戰艦，而其速度之快，且遠駕於流線型的汽車；重量十三噸，時速最少八十哩，該車槍砲不能入，無論河坑、湖沼、斜坡等不平區域，皆能安然走過；車上有大砲，有機關槍，又有無線電機，一切應戰器具，幾於應有盡有。第二為「探毒器」，利用一種無色味臭的化學液體，分布於最前線的戰壕中，遇有毒氣來侵時，該液體即行變色，當以所變顏色的如何，斷定其屬於何種的毒氣，以便士兵的易於防範；迨毒氣消失時，該項液體又恢復原來的狀態，告訴人們可以摘下氣悶的防毒面具。第三為「無聲飛機」，普通飛機的發動機，一經開行，聲如雷吼，對於襲擊敵人，常使敵方聞聲準備，削弱了不少的戰果，無聲飛機的研究，各國咸亟亟致力，德科學家現已初步成功。其法

用一「聲浪遞減器」，使發動機的聲音，隨其音波的圓圈而一度度的縮小，令地上的人們，無法預知空襲之已至，出其無備而痛擊之。意人利亦發明了三種特效的新武器，大吹大擂的用以威脅鄰邦：其一是「防空網」，將許多氣球弔在空中，下垂一以人造絲織成的大網，網目極細，承受敵機的炸彈，不使爆炸於地面。除縱的防空絲網外，復在氣球的中間，加鋪一層鋼絲的橫網，網目極細，不易發見。其二是「兩用坦克車」，設備和普通坦克相同，不過車上多裝一架鐵橋及一副活動鋼柱，那鐵橋平時摺疊於車上，好像救火車的雲梯一般，遇到池沼就把它伸直平鋪，讓軍隊從容的通過了橋面，然後摺疊起來，運用活動鋼柱支持了車身，一躍而過，靈便非常，戰時可免架橋的麻煩。其三是「小海撬」，係純用金屬和木板所造成，長度不滿百尺，行動異常迅速，每小時的速度，最低限度為八十海里，裏面有兩個新式的水雷，祇須三個熟練的兵士，便可駕駛自由，眞是成本輕而收效大的新利器，最適合於無錢建造鉅型戰艦，但又企圖在海上爭雄長的意大利。德意兩國這六件武器，都在西班牙戰塲上施用過，據說成績極佳，它們以為這樣一來，必可無敵於天下了。

四萬五千噸和十六寸口徑大砲的主力戰艦，時速近四百哩和能載炸彈二千公

廠的第一線飛機，以及純粹機械化的各種陸上軍器，頃刻間能殺傷大批生物的毒氣和細菌，這些，都是名科學家絞盡腦汁的主要結晶，亦為未來大戰縱橫疆場的重要角色。

（二）文字並不弱於武器

戰略原為政略的延長，軍事亦係政治的繼續，國與國間，不免衝突，解決衝突方法，不外下述六種：（一）利用旁敵側擊的策略，壓迫對方放棄其原有政略，而欣然接受我之政略；（二）先聲奪人，不戰而屈人之兵，使對方深知不可抗而屈服；（三）以必得勝利的絕對優勢，一舉而擊潰對方的所有力量，輕取勝利的果實；（四）勝負仍不可知之數，尚須出死力以爭之者；（五）強弱迴庭，毫無把握，明知其不可為而為之；（六）自諗戰必敗，但仍不顧一切以求戰。上面六種解決衝突的辦法，自然依其次序，第一種最上乘，以次即一着不如一着了。我們估計雙方的勝負，須從三方面入手：（甲）己方的力量，（乙）敵方的力量，（丙）第三者的力量，如此計算，始能正確。兩國一屆戰時，對敵必採取三種壓迫：一是武裝的壓迫，實行陸海空軍的總動員；二是經濟的壓迫，封鎖敵國對外的通路，截斷其原料品軍需品的供給；三是宣傳的壓迫，分化敵人原有的勢力

，發動孤敵厚援的輿論。

我們試觀歐戰的往史，即可明瞭宣傳戰新聞戰的文字工具，其效能並不低於毀滅敵方的飛機戰車，且文字圖畫等無血的戰爭，其效力有時竟駕流血的武器而上。當一九一四年八月一日，大戰爆發時，英法德諸國，莫不爭先致力於宣傳戰，由著名報人北嚴爵士所主持的英國宣傳部，該部分本土、帝國、敵方、友邦、中立者五大部門，各有專家負責，其中特別注重於瓦解敵人，以著名史學家韋威斯担任對德宣傳事宜，泰晤士報國際部長史梯特担任對奧匈宣傳事宜，分在荷蘭、瑞士、意大利設立特別機關，煽動德奧匈內部的分化，並用飛機散發印成另國文字的宣傳品，力促德奧匈國內被壓迫人民的叛變。此外復用留聲機和播音機，播出各民族的特殊樂調及其國歌，激起他們之懷鄉復國的情感。另勸德人自動推翻威廉皇室，宣稱由德人自己創造的幸福，協約國不但不反對，抑願樂於觀其厭成。最利害的一步，就是以中立國的超然立場，出版鼓吹非戰主義的「戰壕報」，每日印行數十萬分，由荷蘭工人攜入德軍前線，德兵讀後，頓忘這是敵方的宣傳，竟深信其言而不疑，於是德國內部逐發生革命，不可一世的威廉乃被迫出走。德政府雖對此當恨之刺骨，認彼為一毒瓦斯的製造家，然北岩發動宣傳戰爭

聞戰的結果，節節勝利，所向無敵，奧匈帝國裏面的捷克、斯洛伐克、克羅替亞、和波蘭等等，均次第宣告獨立而反抗同盟國了；意大利倒戈了；希臘和美國相繼加入協約國陣線了；德國內部發現裂痕，第二國際革命成功了；協約國的團結增強，作戰的精神提高了。這許多偉大的收穫，皆是自「無血戰爭」中得來。

宣傳戰外交戰和間諜戰，並稱爲潛性的戰爭。任何國家，無論平時或戰時，對於潛性戰爭，均寄以縝密的注意。公開的戰爭，不但勞民傷財，抑且兩敗俱傷，一個大規模的戰爭，每戰鬥一天，戰費需千萬元以上，死傷亦須千萬人以上，這種慘重的損失，倘在平時多留意於潛性的戰術，上焉者可避免戰禍，次焉者亦可在戰時占優勢。一個外交家，一個宣傳家，或一個幹練的間諜，不管如何耗費，總沒有像彈藥消費的可觀，故用潛性戰爭以決勝，究是一椿合算的買賣。在比重上，文字並不弱於武器的。

（三）發揮新文器的功能

新文器既是可與新武器並駕齊驅，且新文器的威力亦不亞於新武器，那末，我們應如何建立和發揮新文器的功能呢？

我們所謂新文器，是指報紙、雜誌等文字圖畫的出版物而言，它的先天具有

濃厚的戰鬥性，隨時隨地表現着優越感；它常用戰鬥的姿態去克制困難，又常用優越的傳統去開闢前路。它的本質上，像火藥一樣，能替人鑿山開道，亦能用以殺人，端視如何利用爲斷。同理，新文器的效用上亦然，例如它在政治上所起的作用，能領導革命的力量，推翻封建政治，建設民主政治，爲大多數人羣，爭回做人的權利；但它又易被黷武者所藉口，意大利就厚誣阿比西尼亞是一個非洲野蠻的國家，意爲傳播歐洲文化而征阿，圖以掩飾其侵略的罪惡。在經濟上，新文器可使世界的任何角落，均恍如晤對於一斗室，於是貿易、產業、交通、財政、金融等等，皆收有無相通指臂相需之益；然新文器一旦落於托拉斯、布洛克之手，則反而助桀爲虐，替資本家壟斷市場統制物價。在文化上，新文器更顯出它的特殊功用，它傳述並闡揚了過去文化文明的遺產，發揮而強化了當前文化文明的進度，使人類對於無論那一新奇的事物，都用不着一番複習的功夫，可贍出時間去做另一有貢獻的事情；可是，有時新文器亦充作帝國主義的代言人和劊子手，帝國主義的國家羣，對於殖民地的刼奪，皆先假手於文化的侵略，所謂「白人的負担」等謬論，就是託詞於文化上的差別，而幹出傷心害理的勾當。

新聞事業係新文器的基幹，新聞記者爲運用新文器的兵員，而新聞教育，則

新文器與新武器

是訓練新聞記者的技術，使能製出主張力量較大之新聞紙，從而促進新聞事業的發達。新聞事業、新聞記者和新聞教育三者，對於新文器的關係是這樣的：

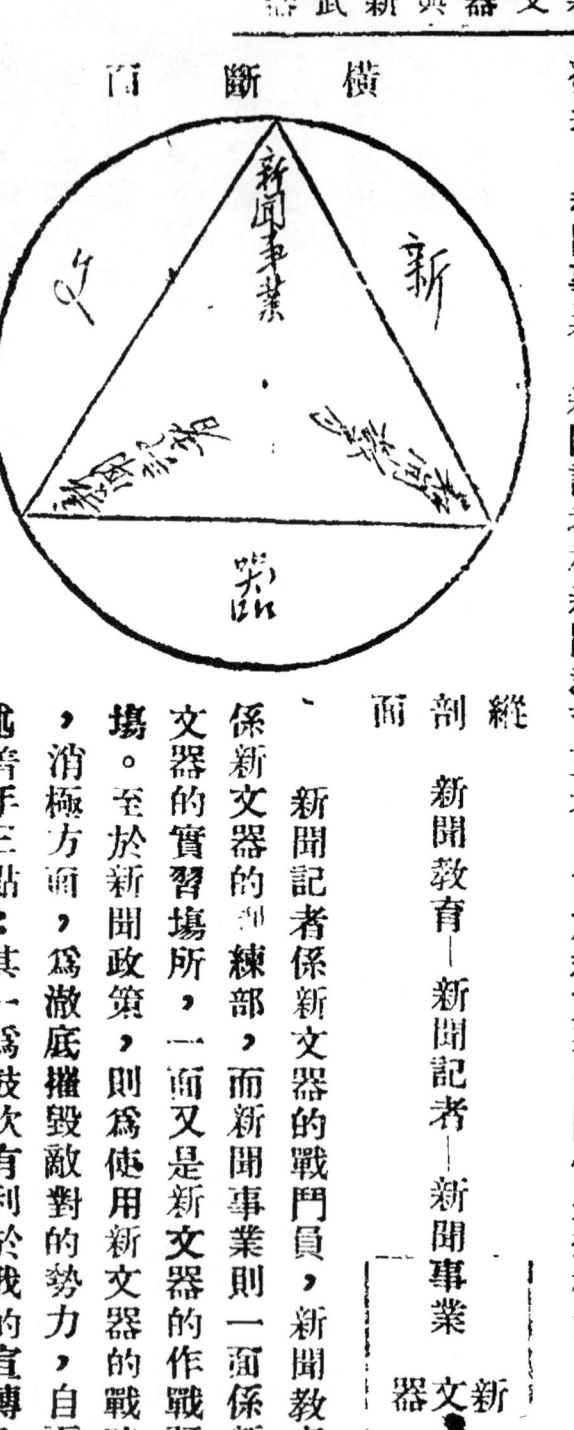

新聞教育—新聞記者—新聞事業
　　　　　　　　　　　　新文器

新聞記者係新文器的戰鬥員，新聞教育係新文器的訓練部，而新聞事業則一面係新文器的實習場所，一面又是新文器的作戰疆場。至於新聞政策，則為使用新文器的戰略，消極方面，為徹底摧毀敵對的勢力，下述著手三點：其一為鼓吹有利於我的宣傳；其二為暴露敵人所有的弱點；其三為爭取第三者的對我同情，令進一步化同情為輔助。積極方面，亦可分為三點：第一、提高自己的信心、毅力和警覺性，確保最大勝利的及早到來；第二、瓦解敵方的內部，使其由內潰而不能外攻，可一舉

而擊之使屈服；第三、提示我之必勝與敵之必敗，助我之利與中立之害，使第三者自無礙於我的中立，進至有助於我的幫忙。

宣傳在不忘真，文器貴能善用，克敵致勝之道，新文器的功能，實與新武器相伯仲，我們千萬不可妄自菲薄，必須毅然奮起快着先鞭！

般人道德論

道德的新詮是什麼？

道德一詞，為晚近持急功近利者所目為迂，實則道德不第為個人生活的主體，且屬社會生存的基礎，它係生活形態的一種抽象典型，而為人羣所必守的最低限度戒條。人類能維持精神生活於不墜，並能完成其特立獨行的人格，在在需要道德做一條防惡止罪的堤壩，這道堤壩一旦潰決，則「禮」「法」均有冲洗之虞。人們方寸間如無道德的信條，則似不羈之馬，到處亂奔，人類生存，摧毀無餘。一般人所指的道德問題，多認為倫理的社會的政治的延續，特別是着重於倫理方面。我國古語曾云：「見危授命，臨難不苟，可以託六尺之

孤，寄百里之命」，這是道德；「富貴不能淫，威武不能屈，貧賤不能移」，這是道德；又如西諺所說：「縱令天塌，亦必行公道」，這是道德；德儒康特所主張的「倘知社會明朝解體，吾人亦必於今夕，將最後罪犯執行死刑」，這亦是道德。

亞里士多德認「道德」一義，不過係倫理的尾聲，他在其名著的「政治學」裏面，一再提示此點；我國儒家學說，則認政治為道德生活的工具，故以仁義道德為政治的主要內容；我們先賢所倡導的倫理思想，不獨要推行德治及於民，而且要使人與人、民與國的關係道德化，更進一步使國與國的關係亦道德化，古人論國防，所謂「在德不在險」，所謂「耀德不觀兵」，即是本這道理。

道德隨時間空間的不同而異其質，每一地方每一時代皆有其道德標準，我們論斷一個民族一個社會一個時代的道德生活，需要以這新的道德標準去衡量去測度。例如當前我們最高道德的昇華，是國族重於室家，室家重於個人，所以敵寇傀儡民族敗類的王克敏、殷同、陳錦濤、伍澄宇輩，其自身所從出的子女，像王遵侗、殷一民等的宣佈脫離父子關係，在往時或視為大逆不道，但在目前的道德標準看起來，則可稱最效忠于新道德和最可貴的新國民了。

我們歷代非無敵國外患，若周的北狄，秦漢的匈奴，晉的五胡，隋唐的突厥，以及南宋的金元，晚明的女真倭寇，惟該時國族的安危，繫於道德有無以為斷，國民皆有道德的素養，皆有善良的民氣，則外患決不足畏。消極方面的已所不欲勿施於人，積極方面的已欲立而立人，已欲達而達人，都是道德的扼要守則。我們今日所需要的道德，乃民族至上國家第一的道德。

報人何以必需道德的修養？

孔子作春秋而亂臣賊子懼，亂臣賊子懼他什麼？就在他能「一字之褒，榮如華袞；一字之貶，嚴似斧鉞」。然孔子著春秋的立足點，完全是大公無私的秉筆直書，這樣纔能使當時的叛逆們有所畏忌；換句話說，孔子能確守道德的本義，不忘史家的道德，方有如斯的造就。「在齊太史簡，在晉董狐筆」，為什麼文信國公天祥，在其不朽傑作「正氣歌」裏，鏗鏘讚揚？亦因齊太史晉董狐能鐵面無私顧全道德之所致。

自官辦的邸報盛行，時代紀錄者的史家，出賣道德，甘任鷹犬，於是民間就無一部信史可讀，亦即是沒有一則正確的新聞可看了。

降及近代，道德問題，更為報人所認為迂談，亦被時人所認為詬病，馴致新

聞記者乃末路文人的化身，造謠生事亂敲竹槓係其生活手段，一般痛惡報人的，途以為和報人講道聽，無殊與娼妓談貞操。一部報人的不齒於人寰，許多不明底蘊的，遂以「一隅概括全體」，於是所謂「報人無好人」，就喧騰於衆門，幾有鑠金銷骨之勢，我國社會輕視報人，實爲一些不肖報人無視道德的惡報，我們的同業者，需要不怨天不尤人，亟須下一番反求諸己的功夫。

抗戰建國的大時代中，許多藏垢納汚的場合，咸被這大時代的洪流所滌盪，惟報人的惡根性，還有一點沒有根絕，道德信條的重要性，有不少人尚熟視無睹。上海品報主人余大雄，申報駐京記者秦墨哂，和杭垣無賴記者潘起鳳，爲什麼甘於認賊作父自殘同類？一句話，就因喪失固有道德之故，道德的藩籬一撤，而男盜女娼的事情遂幹出來了。

已故東台戈公振先生所提示我們的話：「入報界後，要以人格爲要件」，洵是一針見血之論！所稱的「人格」，即道德的話種行爲之謂，品格高超，到處破算，報人的神聖職務，自易於履行，這是服務報界的第二生命，一剎那都不能忽略。

當前報人需要何種道德？

執行抗戰建國大業的今日，我們報人所急需的道德，犖犖大者，有如左述：

第一、我們的着眼處要崇高要純潔，「吾愛吾師，吾尤愛真理」，抗建偉業係目前的唯一真理，報人道德應以此真理為依歸。這個真理的具體行為，是「抗倭高於一切、一切服從於抗日」「集中力量、統一意志、整齊步伐，以爭取最後的勝利」。過去報人，以與政府對立為常然，以對當局譏彈為快意，庸俗之流所望於報人的，亦在於所謂痛快淋漓的言論，和慷慨激昂的記述，而非富有建設性的文字；於是報人失之在「偏」，讀者失之在「激」。若偏與激，均非報人道德所應爾。我們現應以公正平允的國民立場，擁護政府賢明的國策，接受中國國民黨正確的指導，然後竭其良知，盡其良能，紀事評人，期於至善，這是現階段我國報人所遵循的道德。

第二、戰時報人，多利用其職務，作多方的夤緣，視位置若傳舍，目事業為橋樑，見異思遷，迅如傳電，因其不樂業不敬業，自卑其所掌，自瀆其所司，機會未至，即不惜用職務以誘致之，機緣甫來，則又不恤棄職如遺。存這樣心思的人，根本不把報業常做終身的事業，充其量只作過渡的職業，要其恪守報人道德的信條，絕對無此可能。這些動搖的份子，其結果與腐敗份子等，同樣的是踐踏

43

報人道德的人物。我們希望強化報人道德，應該從三方面入手，一為報業當軸的嚴於抉擇，一為外間之不再在報業圈裏挖人，另一最重要的，則為報人的不朝秦暮楚，能敬謹於其所業。

第三、現在人們所矚望於報人的，係具體智慧的指示，活潑理解的提供，而不是空洞的口號，呆板的教條。我們為達成上項任務，就該加緊向大時代學習，不斷推陳出新。古人說：「學然後知不足」，又云：「開卷有益」，報人們只要肯自學，則其對事的理解力，和對人的警覺性，自然而然的一天天增進；有學問有修養的人，總會深切體驗道德的必要，以及提高道德的途徑。俗語道：「刑不上大夫」，這不是說大夫都不致犯法科刑，而是指有學力者能明禮義識廉恥，不會為非作惡，自投法網；以此為例，則有相當學識的報人，自然會會重道德並實踐道德，這是一件治本清源的至上辦法。

斯文只算發凡，立意至為淺顯，熱望拋磚引玉，鵠候讀者闡揚！

兒童該有自己的報紙

（一）兒童是生命之花

愛倫凱在其著作裏，一再指出：「廿世紀是兒童的時代，我們應該視培養兒童為一種義務，此義務係成人們的天職，亦為兒童應得的權利」。其實，遠在二十世紀以前，兒童早被人們所注意，稱之為「第二代的國民」，瑞士大教育家裴斯泰洛齊，目擊法軍侵凌，河山破碎，將復興國族的責任，課之於瑞士的兒童，他於一七六九年在斯坦日地方，創辦了一座「新希望學校」。即主張「對於兒童最自然的環境，乃是一個被嚴格的精神和慈愛管理所支配的團體；換言之，即學校家庭化與家庭學校化是」。裴氏這種以生產技能為主，以形式教育為輔，嚴慈並濟態度為宗旨的新教育制，其所造就的兒童，終把瑞士從法軍的鐵蹄下解放出來。

中外古今，兒童有着很偉大的貢獻，我們隨手拈來，就有如下的事蹟：

世界童子軍創始人貝登堡，當南非戰爭時，布爾（Boer）之役，身陷重圍，外援不繼，束手待斃，貝氏爰召集當地兒童千人，加以訓練，使他們習通訊、守望、救濟、運輸之技，助守孤城，卒待援至，遂敗土軍，此其一。

歐戰末期，美國參戰，美為增進後方生產，曾動員一百五十萬的兒童，組織兒童墾殖軍，以兩個月的時間，開墾了二萬萬方里的荒地，兒童力量又獲一偉大

的表現，此其二。

蘇聯大革命時，由十四五歲兒童所組成的少年先鋒隊，替社會主義革命，盡了不少的力，蘇聯實施五年計劃後，兒童們更訂定「小五年計劃」，竭其所能，協助政府，在兒童史上留下最光榮的一頁，此其三。

法西斯主義開始氾濫於意大利時，亦致力於兒童的訓練，把六歲至八歲的成立「巴里拉」(Balilla)，十四歲至十八歲的成立「法西斯先鋒隊」，八歲至十四歲的成立「狼子軍」，因奠定法西斯在意大利的統治權，此其四。

戰時兒童的勞績，尤有不可磨滅的光輝，我國古史的「嘉定石童子」，黑夜禦倭，以一人頭顱，換全城生命，即其著者。抗倭聖戰而後，我國童子軍、孩子劇團、小先生服務隊、新安兒童旅行團等，直接間接對抗戰大有貢獻，此其五。

敵國經濟學博士木村增太郎，在去年時事月報的和平檢討專號，曾明白的說：「欲征服中國，非經三代不為功，蓋準變的本質，已百年戰爭化也」。敵閥代言人變，宜以百年戰爭的精神赴之，孫輩，決無德化之可言。支那事變，且要「預驅未來兒童當鋒鏑」，這真是殘暴絕倫的與該國壯丁變作砲灰還不算，說法，此其六。

基於上述，我們對於兒童的身價，可得以次的認識：

（一）兒童是構成國族的一份子，他的身心是屬於國族的，他們係國族的小主人，我們應該讓兒童去盡小主人的責任，同時，亦深信兒童們必能達成其應負的職責。

（二）從兒童所發揮的能力觀，無論戰時平時，兒童工作表現，正不亞於成人，任何抗戰隊伍中，少不了這支有活力有朝氣的生力軍。

（三）童心有如白紙素練，近朱者亦，近墨者黑，我們希望兒童人人成德達材，則兒童教育必須加意講求，可門給兒童閱讀的兒童報，更為推行並增進兒童教育的有效方法。

我們可以說：兒童時代不僅限於二十世紀，無論以前或今後，兒童均佔有重要的地位；兒童是時代輪軸的推動者，亦為文化文明的創造者，且屬世界人類的繼往開來者。兒童是生命之花，我們要做到一切都是為兒童，一切都是給兒童的。

（二）兒童報的重要性

兒童的心理、習性、行為，和成人們大異其趣，故重視兒童福利的國家，都

特設有兒童劇院、兒童花園、兒童遊戲場之類，成人一律不能涉足其間，專門給兒童們享受。為什麼對兒童應有這些特種設備呢？最主要的原因，就是成人與兒童想像力的差異，於是影響到他們的性格和行為。想像不是幻想，更不是記憶，而是具有創造性的，和有完整的有機體的。例如一般文人看到海棠花，就連想到「凝愁」「帶醉」等印象，但兒童則很簡單的就其象形，想到一隻隻美麗的蝴蝶；又如象徵派的油畫，藝術家看起來，會津津樂道其設計、布圖、色彩的超越，然自兒童的眼光看來，只是幾種強烈色澤的混合物而已。

兒童有幾種顯著的想像：一為「自我」觀念的濃厚，兒童們常說：「雨把我的玩具弄濕了」，充分強調自我的觀念。二為幻想與實在的合一，有一個孩子，一天戲扮屠夫，當他母親叫他小名時，他回答說：「不，你現在該叫我做屠夫了」。三為邏輯關係的缺乏，兒童們常認為他所喜歡的東西，就是天下最寶貴最良好的東西，一旦生厭時，又改變一種相反的印象，抹殺了客觀邏輯的存在。四為時空觀感的淡薄，兒童們常相信巨人可在火柴盒子裏睡覺，古時騎士俠客的行徑可重見於今日。由於兒童想像與成人有別，一張成人喜歡看的報紙，兒童們未必表示歡迎，反之，成人所不屑一看的報紙，兒童們卻認為愛不忍釋的恩物。

英名作家丹尼第佛所寫的「魯濱孫飄流記」，蘇聯兒童讀物權威者所寫的「同志號航行二萬哩記」，為什麼使兒童衷心愛讀，就是它能抓住兒童好奇好勝好活動的特殊心理，並加以滿足的緣故。許多兒童讀物的寫作家、繪圖家，紛紛創作適合兒童需要的刊物。報紙旣是文字工業的主要部門，又是精神食糧的最大倉庫，則編行兒童報紙，確屬不可或緩。

（三）我國兒童的厄運

蘇聯最著名的哈爾科夫兒童宮，建築於莫斯科，為啓迪兒童智慧的塲所，裏面包括二百三十二個實驗室、研究室、運動塲、小工塲、歌舞廳、音樂室、健康文化館、戲劇院，以及規模宏大的冬季花園，此外尚有地下道、電池間等等。次於哈爾科夫的，為列甯格勒的安尼企柯夫兒童宮，亦有圖書館、游藝塲、奕棋處、休息所、業餘科學實驗室和說故事台等設備。前者可容一萬二千八、幼稚園、小學校的設備。又是十分完善。英美諸國，對於兒童幸福的措施，亦有容一萬人左右。享受進宮作息權利的，限於八歲到十五歲的孩子。蘇聯託兒所、頗多的造就。兒童生活在這個環境裏，可以說是「天之驕子」了。

返顧我國兒童的處境，可謂極盡人間的悲遇！我國兒童的死亡率特高，約佔

出生率總數百分之三十五；失學兒童不下三千萬八，約佔學齡兒童百分之七十五；至於營養不足，童工苦作，婢女慘遇，家庭虐待，疾病失醫，與夫顛連之苦，流浪街頭，或成童丐，或為小偷，更是觸目皆是，指不勝屈。我國人口總數四萬萬五千萬中，兒童至少佔有六千萬眾，且至少有一千五百萬的兒童，遭受種種非人的慘遇。戰後兒童環境，愈趨坎坷，暴敵甚至竟以我活潑可愛的兒童，為其重傷官兵輸血，這是兒童們的一大浩刧！

各地兒童保育會，對搶救難童，頗有建樹，該會揭櫫三點宗旨：管理則嚴格紀律化，教育則科學生產化，養護則親切家庭化，實行以來，亦有可觀。經歷血的洗禮的我國兒童，不惟不會磨折其小小生命小心靈，相反的，益提高其戰鬥性創造慾。兒童報紙是一把鎖鑰，用以打開兒童精神上物質上的寶庫，使之更站在大時代的尖端。

（四）一張理想的兒童報

兒童報的編制，一切異於常型，首先，要顧全兒童的消化力，不能飯餘雜陳，狼吞虎嚥，使他的消化機能生毛病；其次，要抓住兒童的注意力，貴精而不貴多，吸精華而去精粕；復次，要富有教育的啟導力，無論新聞文字或議論文字，

均須求其含有教育的功用，令兒童打開報紙，可得到很多活生生的新知識。

編輯和發行兒童報，可遵循兩個途徑：一個以兒童專家為主體佐以普通新聞從業員，並與幼稚園小學校的員生取得聯絡，俾完全適合兒童們的需要；另一個則為小先生制，就是用大的孩子，編行童報給小的孩子看，他們都是孩子，興趣相同，觀感相同，立場相同，他們所做成的東西，當然為小孩所愛讀。理想中的一張兒童報，我們可大略寫出它的輪廓：

版式：不能大於四開，地方較小的，一張八開的紙而就夠。文字：不管任何新聞，皆須從新做過，那種虛文浮詞，一概刪略，全部易以淺白生動的語體文。寫論評的人，尤應迎合兒童心理，不能過於冗長，最大容度，為一版的六分之一，文字亦要通俗。字體：標題用頭號至四號，本文則一律用老五號字。插圖：須多附地圖、

蘇聯兒童編輯兒童讀物情形

卡吞之類的插畫，使兒童較易於瞭解新聞的內容。副刊：應多刊故事文和連環畫，要短小，要精悍。廣告及發行：廣告以有關兒童事業為限，發行亦以兒童做對象。

兒童報的作者編者和讀者，應鼓勵兒童的充任。成人們最好退居輔助的地位。此一事業，大有可為，對辦理兒童報有興趣的人，不妨從小規模試試看。假如六千萬小主人都能識字，都做讀者，那末，這個事業的範圍，一定相當的偉大，編行這種報紙，真可說造福人羣的。

我國現處於新舊交替的大時代裏，新聞事業的熱心同志們，應創辦一個像樣的兒童報，這樣，方對得起國族，始不辜負時代。

創造新聞紙獨特的個性

（一）庸俗的標準化

標準化（Standard）創自一九二五年美前總統胡佛任商務部長時代，他把全美國三千餘種不同的生產方式，劃一為五六種標準化方式，例如發票和帳簿，他

把幾百種不同的樣子，歸納為一種簡單明白的標準式樣，節省了龐大的無謂消耗，替美國增加了無限的國富及私人的財力。當一九二九年九月股票恐慌未發現前，美國是世界最繁榮的一邦，那時胡佛有「繁榮總統」之稱，美人都瘋狂起來，差不多一轉手間，即可「朝為簍人子、暮作富家翁」了。這個繁榮的黃金時代，衆口一詞的歸功於胡佛商長任內的推行標準化，因標準化而合理化而大量生產了，因大量生產而容易賺錢了。

商品可以標準化，但新聞紙是文化的食糧，可不能澈底標準化。我們隨便舉出一個例子，德國自希特勒登台以後，宣傳部長郭培爾，努力推行其「納粹標準化運動」，新聞紙係宣傳中的主要部門，當然不肯輕易放過，這樣一來，德國有六百多家報館，因奉行了標準化之故，登載千篇一律的新聞、演說詞、法令大綱之類，喪失了所有的讀者，不得不被迫關門。即國社黨機關報的民衆觀察報，把南德和北德兩版合計，每日亦不過印行三十四萬份，納粹標準化的惡果，一至此極！難怪郭培爾要大發牢騷了，他在全德新聞記者年會席上憤然的說：「今日德國的新聞紙，其輿論調已不是無政府主義和破壞主義了，但太馴服了，馴服得活像一頭小狗」。

向以闡揚學術發展文化馳名的德國新聞紙，爲什麼會變成這樣「可憐相」？郭氏就不便明說出來。因此，牛頭不對馬嘴似的，他反希望：「德國此後的新聞紙，應該有獨立的、自尊的、善意的批評，含着建設性的和健全性的忠告，輔助政府的復興，促成國社黨的邁進」。這一席話，可謂欺人自欺含本逐末，試思納粹標準化一天不停止，則德國新聞紙何能暢所欲言？號稱宣傳聖手的郭培爾，對此亦不能自圓其說。故沒有整個計劃和完密方案的標準化，只是庸俗與摧殘的代名詞而已。

（二）一個實驗的報告

芝加哥是美國的心臟，它在經濟上國防上文化上交通上，均佔着重要的地位，我們讀美國地理時，到芝哥這個地方，總會連想到「世界最大屠塲」和「美國交通中心」這兩點，因爲芝加哥擁有環球最大的屠宰塲，每天用機器宰殺的畜類，其數多至不可勝計。且該處適當美國腹部的中心，係束部紐約西部舊金山西雅圖的中點，亦是北通加拿大南達墨西哥的樞紐，有三十八條鐵路，交叉於該處。芝埠具有如此重要的條件，使其人口的總數，僅次於紐約，而爲美國第二位大城市。人口衆多、工商發達、交通便利的地方，乃是新聞紙最易發榮滋長的沃壤，

所以芝埠的新聞事業，在美國亦是占着最有聲色的一頁的。我們擬提出報告的實驗，就是那裏的產物。

芝加哥有一張出版很久的晚報，叫做明星晚刊（The Star Evening Post），創辦該報的老闆，是該地金融界巨頭約翰·狄更生（John Dickenson），他化了許多錢，但該報始終沒有起色；人家所採得的新聞，他均不惜重貲加以羅致，和他報比較起來，他人所有的，該報亦並不示弱應有盡有，為什麼銷數毫無進步呢？一般美國人，都是相信調查統計等研究工作，力能解決任何難題的，於是他便聘請許多專家，再化一筆相當可觀的費用，要他們研究「銷數不振的癥結」。這班人費了半年的調查統計，製成了一個報告，謂該報的默默無聞於世，最大的原因是模仿結局，完全抹殺了自己的個性，變成了人家的拷貝（Copy），讀者當然不肯多化冤枉錢，去買一份沒有立塲沒有特性的新聞紙。此外尚有一個附因，就是定價稍昂，因價格之貴，又把銷行的門戶加快的堵塞起來。他們建議該晚刊的當局，指出當地的新聞紙，對於本處新聞，多嫌餡略，許多日報，都在晨間出版，又不能將當天重要時事，詳確生動的報道出來。該處發刊的新聞紙，百分之八十以上靠本埠的讀者，讀者多屬本地人，自然關心本地事。因此，他們主張最有

效的對策，便是多多刊載詳細而動聽的本地新聞，造成該報另有一格的個性與另樹一幟的作風。果然，奄奄一息的明星晚刊，經此改弦易轍後，就一躍而爲芝埠領袖報紙之一了。

（三）當前我國報業之診斷

現階段的我國報業，有一個普遍的「同病」，那就是新聞的過於標準化，只要備一座無線電報的收音機，便能取錄中央通訊社ＣＡＰ的新聞廣播，地方報和都市報的新聞來源，同出一流，於是除標題可略爭雄長外，至於新聞的內容，可以說完全雷同。這樣一來，地方小型報乃風起雲湧，盛極一時，幾家銷數較廣的新聞紙，大受致命的打擊，銷行範圍一天天的緊縮下去。地方報所感到的難題，是人才太少，經費太窮，都市報雖有廣告的收入以挹注，然亦覺得新聞太平凡，不能出類拔萃。換句話說，無論都市報或地方報，均同受「標準化」的影響。

有人要指出，敵國軍閥統制下的新聞紙，其新聞的標準化程度，較我國要高出許多倍，像朝日、每日諸大報，乃別闢蹊徑，不惜重資，廣派戰地記者，紀述特寫特稿，差可彌補一下。我國報界，不可以如法泡製一下麼？這樣說法，只是皮相之談，須知敵國記者冒着生命危險到侵略區來，現已有十三人喪生於戰場，

56

惟所拍出的電報或所寫出的稿件，亦不能篇篇照登，敵閥仍舊要大扣特扣，可以說化了這麼多的冤枉錢，並無多大的效果。我國報業的資力較薄，自然不能和敵國一樣，把大好金錢大批虛擲。何況戰地動態，凡是可以發表的，中央社記者均有電報或通訊，私人報館儘可不可多費人力財力。且有時準備化錢，所得到的便利，又沒有中央社的優越，有時辛苦探得的新聞，因有關軍事秘密，又不能隨便揭載，一樣的是徒勞而已。故近來國中各大報，對於特派記者一事，已沒有從前的熱烈了。

近來我國各處報紙，內容多屬平凡，主持報紙的人，無日不在設法改進，但一個大前提不解決，則依然不能有所發展。什麼是大前提呢？一句話，就是新聞不能標準化，而必須個性化。

（四）一條康莊大道

我國辦報的同志們，皆患着一個毛病，新聞盡量求其多，至少要和他報一樣，人家有的我亦有，可是「人家無的我也有」這一着，他們竟忘記了。所以，把一張好好的新聞紙，弄成一個萬物紛陳的雜貨店，貨色雖多，無一足取，因此，「吃力不討好」，沒有自己的讀者羣，經不起同業的猛烈競爭，便如春天的花草

似的，「花開花落無人識」了，這不是一椿浪費而痛心的悲劇嗎？

我們要發揮自己的抱負，要發展自己的事業，擺在我們眼前的，有一條十分康莊的大道，盡夠我們的縱馬揚鞭，奔馳自如。這一條大道，任何人都可走得，便是「創造新聞紙的個性」。

一張新聞紙，不光是具備了時事新聞和言論，編製新聞文字的人，及把新聞文字印在紙上的機器材料就夠，而是還需要廣大的讀者做基礎的。古代的邸報，為什麼嚴格說來，不配稱報，就是它的讀者，僅係寥寥可數的帝王大臣與封疆大吏，所以根本上沒有稱報的資格。讀者為一張新聞紙所賴以存在的生命線，我們創造新聞紙的個性，便從讀者的興趣入手。好像工廠出貨似的，市上多數顧客喜歡那一種貨，我們就製造那一類貨去迎合他。新聞紙個性的創造亦是一樣，將讀者羣細加分析，最大多數的興味何在，我們便以啓發並報導該項興味做獨特的個性，使這些讀者心愛而不忍釋，可以不同凡響而發展開去。讀者羣的興味是對象，迎合他們的意旨，以為立論編報的南針，而表現為適如其分的紙面，這是形態；對象和形態的總和，就是新聞紙的個性。

新聞紙的個性，必須旨趣高尚，絕對不可為逢人之好，而自趨於卑鄙下流，

海淫海盜的個性，同樣是不齒於人類的。我們這裏所探討的個性，第一要具崇高的報格，第二要有精彩的特色，第三要循合理的途徑，第四要用正常的競爭，第五要尊重讀者而不阿附讀者，第六要正其誼不謀其利，明其道不計其功。

建設中國本位的新聞教育

每逢獻歲，萬象更新，我以為展開於眼前的新局面，應該有新動力與其作有效的新配合，這樣繼能日新又新，朝氣盎然。新聞教育關係新聞從業員的技能與修養，亦為「十年樹木百年樹人」的至計與良模，我們不能一剎那予以忽略，它好像「種子」似的，我們要期其茂盛，就該慎審選種，殷懃灌溉，努力培植，珍重耕耘。如果不能孕育新的幹部，則我國的新聞事業永遠沒有發揚光大的一天。

國民參政會二次大會，所決定的戰時新聞政策，亦鄭重以「提高新聞記者技能與學術」為言，依照所定辦法，區為政府主辦或職業合辦兩種：一「由政府設立戰時新聞記者訓練班」，分別定期召集全國記者，實施軍事政治等各種訓練」；二「在政府當局輔助之下，由新聞界組合或由新聞學術團體，舉辦戰時新聞記者訓練班」。

服務新聞界的人，對於各方關注之意，當不禁感愧交集！第二次全國教育會議，對新聞教育亦有語及。我們很願抒發所見，提出新聞教育諸問題，籲請當局的設法推進和致力改善。

新聞教育在我國，其歷史至為簡短，過去的新聞教育，無庸諱言的是宣告失敗。我國之有新聞教育的雛形，始於民國十三年秋的上海南方大學，距今不過僅有十五年功夫，南大的新聞系，只辦一載，即告夭折；此後北平的燕京大學與上海的復旦大學，先後有新聞系的設立；而上海民治新聞專修學校和滬江大學新聞科，亦相繼出現；中央政治學校，且創辦新聞系，以造就黨報人才；上海申報館，有一個時候亦附設新聞函授班。從量的方面講，近十年來新聞教育，不能說太少，有自貿的方面論，則其對國家的貢獻實在不夠，這林林總總的一羣，抵不過美國一個密蘇里新聞學院。我們試放眼一觀，出身於這些新聞教育者，有多少人用其所學？又有多少人確能適用能應世？又有多少閉門造車不人濫竽充數？各校所列的新聞課程，有多少能適用能應世？又有多少學有所長？又有多少能掌教新聞教育者，有多少能適用新聞界的舊風氣，能有多少的改弦更張？又能有多少的示範作用？這十年來的造就，對於新聞界的舊風氣，能有多少的改弦更張？又能有多少的示範作用？我想「新聞教育的教者、習者、期望者、贊助者，撫膺自問，當

有惝慨萬千之感了！

已往新聞教育失敗的癥結，主要的為教育與社會不貫通，理論與實踐不貫通，馴致學校自學校，報館自報館，學理自事實，事實自學理，格格不入，到處鑿柄，互相排斥，互肆武評。根本的原因，就在於學校所習的，不是社會所要的，理論所發揮，又不是容易於實踐的。我國社會機構的縱陋，新聞園地的荊棘，問使優秀的新聞人才，無法學以致用，但新聞教育者和被教育者，缺乏決心以創造新風氣，沒有能力以開闢新環境，要為其中的主因。

新聞教育究竟應該怎麼辦？這，所提的方案幾人人殊。英國北岩爵士，主張選擇大學一二年級生，然後使其作世界的汗漫遊，緩緩地從活的教材，練成完善的報人；美國的威廉博士，則和北岩主張相反，他認為必須在學校打定報人的基礎，以之應世，方可裕如，黃色新聞大王的赫斯特，則以為報人的養成所，不在課室而在社會，注入式的新聞教育是多餘的，報人需要社會各方面的啟發，唯啟發所得的學問，始為真正有價值的學問。上述三種說法，均為其國情所囿，不能適應於今日的我國。我國是一個教育不普及的國家，報人尤被社會各階層所不重視的一羣，遴選大學生既屬不能，使其薰陶優良的特種教育又辦不到，而擲入社

會洪爐令其自學自鍊,且殊屬未當;一國有一國的國情,我們需要以中國為本位的新聞教育。

我反對漫無標準的粗製濫造,因為「寬」和「濫」的結果,往往沒有各科的基本知識,一旦執役斯業,就感到處處碰壁;然我又反對把一羣有光有熱的有志青年,關在「象牙塔裏」,灌輸不適國情的高深理論,加不讓他們走到「十字街頭」來,開一開眼界;因為這樣不合現實不能實踐的教育,他們總有一天會大失所望,於是使其事業心由鼎沸而微溫,復自微溫而冰冷。我國現時固然需要大量的報人,但胡亂造就的「速成科」,究與實際沒有多大的裨益。

一個健全的報人,不是咄嗟之間可用人工製成的,他既須較常人有深一層的觀察力鑑別力,又須較常人有進一步的活動力堅韌力,勞倍於人,樂薄於衆,事居人前,功在衆後。我常聽到「新聞圈」內外的人說:「新聞記者不是人做的」,這句話的正確解釋,不是厭惡記者的生活,亦不是鄙夷記者的為人,而是說明新聞記者非一般「人」所能勝任愉快去「做」的。記得八年前,我最後一次訪戈公振先生於申報館內的嚮聞閣,面聆其關於我國新聞教育的意見,他懇摯的說:「中國報業環境太複雜,守舊與營利的觀念太厲害,唯其因為如此,所以需求新

報人益形迫切，姑自觀感所得，就學新聞教育，應以興趣為前提，獻身於新聞事業，尤應以人格為要件」。戈先生這一席話，在此時此地的我國，是有深長的意義的。

抗戰用以建國，建國必須抗戰，我們處此一面抗戰一面建國的大時代裏，新聞教育尤不容其長此泄沓下去；應即取人之長，補己之短，棄其糟粕，探其精華，顧全事實，適應需求。我們希望中央各有關係的機關，能夠認識報紙是社會教育的利器，而報人則為製造報紙的動力，對此「教育的教育」之新聞教育，能有中國本位化的一番新型建設。中國本位之新聞教育的重要原則，簡言之，就是如何使教育與社會相貫通，如何令理論與實踐相貫通而已。

一個民族一個意志一個輿論

「自我扶助」和「自我教育」，係我國戰時報人的兩大指標。達到這兩個指標的最低水準，才能形成「一個民族、一個意志、一個輿論」。我國過去的新聞界，自整個國族的利益觀之，可謂全部失敗。一部份新聞從

業員的不互助，不求知，不團結，不自愛，僅為衣食而操觚，缺乏事業的興趣，此為盡人皆知的事實。可是，報人的無以自効，多由環境所促成，沒有良好的環境，就不能產生良好的報人，這是「事有必至理有固然」的。我們放眼一觀，不難看出報人環境的兩大缺憾來：

第一、報界缺少中心的組織。我國新聞界無一中心組織為其維繫，善為支配，於是各自活動，頓陷於無政府的狀態中。對倭抗戰後的報館報人，重慶香港桂林等處，則嫌過多，而若干重要的地方，則痛感貧乏。且報館和報館間，少密切生動的聯合；於是問題無法討論，意見難以磋商，而深刻一致的見解，自不易激發和造成了。

第二、報人缺乏健全的訓練。我國報人，絕對多數非出身於新聞專門教育，僅憑個人一鱗半爪的經驗以執業臨事；基由新聞學校畢業的，亦多偏於新聞學的理論方面，對於實際問題的觀察或判斷，往往感覺研究工具的缺如。以負編輯責任的報人言，生活日夜顛倒，工作過於緊張，修養機會，幾盡剝奪。怎樣才能使忙迫的報人，有餘力餘時接受健全的訓練？怎樣加強此項健全的訓練，藉可提高

工作的效率？這是我國戰時報人的一大問題。這個問題沒有適宜的解決，則正確報導，終難建立。

基於第一點的缺憾，我們已證明過去各地的新聞記者公會，未能貫徹這個任務，戰時報人的組織，應有極度的緊湊、靈活和強化。例如戰時報紙的分布，報業困難的解除，工作技術的刷新，工作環境的改善，均為當務之急；皆須由這個中心組織，分別予以滿意的解決，這是報人的「自我扶助」。至於第二點的「自我教育」，尤與普通文化工作者殊科，舉凡工作討論會、技術訓練班等集體的切磋，頗有迅速實行的必要。戰時報人應用「自我扶助」及「自我教育」的兩件武器，一面矯正舊習慣，一面添用新方法，在國家民族利益高於一切的前提下，合科學文藝的精華寫為妙文，以正確無疵的觀念抒發意見，才能擯除金錢享受，才能做屈名器虛榮，亦才能促成一個民族一個意志一個輿論。

抗倭砲火轟醒我國報人的自覺，相率洗心革面以適應抗戰的主流，這是一椿極其可喜之事！惟「積之也漸，急則無功」，戰後報人弱點的畢露，亦係一椿毋庸諱言的事實。我們希望全國的報人，英勇的朝著大時代迎頭趕上去，擇善固執，娬惡如仇，充分利用每一枝筆，每一張紙，做到「上馬殺賊、下馬草露布」的

工夫。以坦白的攻錯精神,執行自我的扶助,以虛心的學習態度,實施自我的教育。孫子兵法曾說過:「不戰而屈人之兵」,我們報人在偉大的抗戰中,須有這種「精神克敵」的磅礴力量。

報人職司報導,為民前鋒,我們當前神聖的職務,是愛護一個民族——中華民族,增強一個意志——戰鬥意志,鼓吹一個輿論——民族至上、國家至上,軍事第一、勝利第一,力量集中、意志集中!戰時如是,平時亦如是,我們要發揮紙筆的威力,締成「一個民族一個意志一個輿論」。

英勇負起六大任務

報人在其本身上,必須貫澈六大任務,然後始能無忝所司有功於人,亦必這樣總能形成一個健全的報人。六大任務是什麼呢?一為報導的任務,二為宣傳的任務,三為組織的任務,四為戰鬥的任務,五為創造的任務,六為改進的任務。

這六大使命,平時已感迫切,戰時尤稱亟務。

從文字上發生教育的作用

「有聞必錄」這個時代過去了，庸俗的報人，以為光是報告消息，就已盡其能事，這淺薄的觀念亦被時代的狂流沖毀了。先進的報人，不僅要報告消息給大衆，滿足其精神的食糧，同時要指導他們，剖析每一現象的內蘊外貌裏實表層，指出一條光明的坦途來。現代人們所矚望於報紙的，決不以純粹報告時事為已足，而須進一步深一層的解釋時事指示時局。以前的報告重在「報」這方面，現在已進而為「報」「導」並重了。

報上的文字乃活的知識，發生莫大的教育效能，特別是教育落後的我國，報人「導」的功夫格外必要。抗戰以來，為什麼漢奸多如牛毛？為什麼兵役不能推行盡利？為什麼前方民衆發生「逃山」現象？為什麼軍民之間不能打成一片？這些嚴重問題，均因教育的不普及而起。因為民衆沒有受到教育的洗禮，所以不明白民族國家和個人是三位一體，和抗倭即所以救民族救國家救個人等道理。匡救這個危象的對策，武力執行無益，政令強迫無益，最有效的辦法，端在普及教育；而普及教育的利器，學校教育緩不濟急，社會教育差可勝任，日常新聞的「報」「導」作用，確為社會教育的唯一骨幹。

宣傳為行動之始

一個人的行動，係受其環境所決定，環境的某種現象映入其腦海，於是該腦海中就發號施令，人的肌肉骨骼遂開始動作。例如堅決抗戰的空氣極濃厚，則妥協動搖份子不敢蠢動，古人所謂立身正直，則不仁者不敢至其廬，不義者不敢履其牆，就是先被這種正氣的宣傳所懾服之故。每一個運動的過程上，宣傳階段恆為實行階段之始。

宣傳在不忘其真，胡說亂道向壁虛造的，絕對不能視為宣傳。但現代宣傳之健者，多以欺朦誇大為能事，於是宣傳的工作，因被目為精神進攻的一種毀滅器，和抵抗外感的一副淋巴腺了。

我們抗戰建國的宣傳，乃為堂堂正正的工作，我們要向民眾解釋敵人侵略的前因後果，使大家瞭然於戰爭形勢和敵我力量的對比，從聞勝不驕聞敗不餒中，爭取最後的勝利；我們要暴露漢奸的醜態與陰謀，以及敵人反宣傳的惡毒荒謬；我們要利用抗戰中一切可歌可泣的事蹟，激發民眾參加抗戰的熱情與勇氣；我們要指出哀兵必勝義戰必成的道理，指示抗戰的有辦法和有出路；我們要用種種裸露的事實，說服無辜被愚的敵人，從事瓦解敵軍的工作，並爭取世界友邦更大更廣的同情力量。和社會大眾多所接觸的報人，以之負擔對內對外對敵的宣傳任務

，必能勝任愉快。

組織是力量訓練乃堅強

進行宣傳時，我們不要忽略組織和訓練的工作；因為我們費了不少口舌，把一羣人說服了，倘沒有嚴密的組織去聯繫他們，沒有完備的訓練以鍛鍊他們，那末，宣傳得來的效果，很容易很迅速的便喪失了。所以有人說：組織就是力量，訓練始得堅強。

報紙，一向就被認為不僅教育宣傳的工具，且為組織訓練的絕妙場所。製造報紙文字圖畫的報人，無疑的同為執行組訓的最好人物。在抗戰前，敵人常罵我國為無組織少訓練的國家，因此不把我們放在眼裏，認為一盤散沙不堪一擊，殊不知抗戰一起，我國立刻團結與統一，敵人開始陷入泥潭了，可見組訓重要性的一斑。昔賢所說的：「周有臣百千人，咸一心」；和「以不教之民戰，是棄也」；前者說明組織的必要，後者則申述訓練的必需。

報人怎樣達成組織的工作呢？一句話，是「力求諸己」而已。報人所負的組織工作，具有雙重的意義，一以民眾為對象，一以同業為對象。這就是說，從不斷組訓自己的同業中，擴大和加深了作用，進而組訓當前的民眾。我們要在報人

群中新聞圈內，選出有工作能力而富有積極精神的人，有工作與趣且其有信心的人，在群眾中夙著信仰的人，對本身組織很忠實的人，能夠一面學一面幹的人，先把這些人做核心，然後由核心找細胞，第一步將自己陣營組訓好，然後再組訓報紙的讀者，以及全社會的一般人。

自戰鬥中推陳出新

報導、宣傳、組織、訓練的最高昇華，形成一個「同一體」及「有機體」，換言之，亦是一個「戰鬥的體系」。從世界上發現下等植物像鮮苔之類起，到能充分利用「兩手大腦」被號爲萬物之靈的人類止，一切的一切，皆在戰鬥中生存起來，生殖下去。最初人與天爭，其次人與獸，復次人與人爭，一次的戰鬥，必表現一次的進化。可以說，人類是在不斷的戰鬥中成長與蕃衍的。

報導、宣傳、組織、訓練，係決定戰鬥的四種要件，它們是彼此聯繫着。一般的說：報導和宣傳，是使群眾能夠組織起來，並接受合理而急需的訓練；有組織有訓練的人，總能更有效的履行報導與宣傳的任務；其備了報導、宣傳、組織、訓練四種原素，然後總能夠發揮至高無上的戰鬥本能。

我們可以繪就一圖，說明它們的關係與路線：

右列這個圖解,我們可以明白它們彼此的連環性,報導是宣傳與組織的開端;宣傳本來就以組訓工作做目標;組織亦是旨在發揮羣衆的集體力量,這種力量溯源於報導和宣傳而得;至於訓練,本來就是一種宣傳工作在組織上的繼續,不過經過一番有系統的訓練後,使原有組織更强化而已;集報導、宣傳、組織、訓練的四種主流,「將百川而東之」,最後匯入於戰鬥的大海;它們彼此間的動作,無一而不是想增强戰鬥的力量。

（附註：上圖實線表示正關係,虛線表示副關係。）

報人的生活,就是戰鬥化的生活,我們向社會克取新聞的資源,經過一番烹調的功夫,又向原來的社會散布開去。報人需要不絕的戰鬥,與惡勢力戰,與舊環境爭,暴露社會的黑暗面,提示人羣的光明面,使人類一步步的踏上康莊樂利之途。在戰時,報人展開大規模的血戰,粉碎敵人的愚民陰謀,堵截敵人的文化

71

侵略，並迎擊敵人的精神進攻。

創造最偉大

報紙是近代的文字工業，報人乃此種工業的腦力勞動者，為使文明文化日進無疆，我們決不能以對惡劣勢力的戰鬥為已足，必須開展建設性積極性的大運動。這就是說，我們不能光講「分配」，把原有的東西支配完事；我們必須「生產」，創造更大更多的事物，以推進社會人群的日形昌明繁盛。所以報人不能只是「社會的病理家」，應該做「社會的生理家」，我們不能單靠病症發動後的醫藥治療，我們要防患未然的講求衛生攝生之道。

古今中外的大聖賢大豪傑，那個沒有創造的天才？那個不會留下創造的偉績？所謂賢、庸或不肖的分歧點，就看他有無創造力以為斷。我們目前的抗戰是破壞，然建國則係創造；我們一面抗戰一面建國，以抗戰保障建國的進程，以建國作為抗戰的標的，就是一面破壞舊的，一面創造新的，非舊的破壞不能創造新的事功，同時，非新的創造不能填補舊的破壞。我們報人，要在戰鬥中擊潰惡勢力壞環境等敵人，同時尤須繼續於瓦礫中建設新穎的園地。

我們要創造何種新的園地？簡言之，我們要把精力所結晶的報紙，變成人民

日用必需品的一部，和開門七件事的柴、米、油、鹽、醬、醋、茶等量齊觀，使民眾每晨開門七件事中，添上一「報」，變爲日常必需的八件事。爲了實現這點創造力，因此，我們應使報紙的文字，人人看得懂，報紙的價錢，人人買得起，看報買報的慾望，人人覺得需要，這三個最低線的要求，係報人必須兌現的起碼創造力。

抓住時代不斷改進

所謂創造，不是一成不變的，而是跟着時代的潮流跑的，報人應站在時代的浪頭，而不宜捲在時代的潮後。報人是時代的尖端，社會的觸角，必須和時代作不斷的「賽跑」。

我們知道，社會環境是跟着時間變化的，某一社會需要某一種報，某一種報只能生存於某一社會，其間有了絕對的必然性。例如封建主義社會的報紙，是帝王和貴族傳達命令的東西；到了資本主義社會，報紙又成了一種發財的企業。民治國家的報人比較自由，全能政治國家的報人，則變成獨裁者的應聲蟲。這些不同的現象，皆由其不同的客觀所反映出來。我們固然不能使時光飛速邁進，立刻就出現一個美滿的社會，然賴報紙之力，把這個理想社會提早一步，卻亦有其相

正義與暴力的鬥爭

——新聞從業員的大無畏精神

當的可能。假如大多數人均看得懂報，買得起報，樂得閱報，而這被購的報，又為推動時代輪軸的優良報紙，這樣一來，我們相信由於報人報紙的力趨改進，必能將客觀社會有所改善。

創造一件東西，不是可垂之千秋而不朽方諸萬國而皆準的，它須一面創造，一面改進，於是創造出來之物，始適合實用效能大顯。以前的人常說：「創業難，守成亦不易」，倘沒有改進的精神，則「守成」當然不易。一部人類進化史，就是從不斷的戰鬥、不斷的創造、不斷的改進中，逐漸的得有今日燦爛輝煌的光芒。過去如是，今日亦然，將來且必如此。

報人、報業、報紙的肩上，俗語道：「逆天不祥，逆時非智」，我們應該絕無難色毫不遲疑的負担起來！報導、宣傳、組訓、戰鬥、創造、改進這六大任務，時代老人很懇擎的加於

近日滬港等處，新聞從業員皆以英勇壯烈的姿態，不斷創造驚天動地的紀錄，上海十五家西商的華文報紙，當暴日無理干涉與租界當局非法壓迫下，在萬分艱危的惡劣環境中，加緊努力，加倍奮鬥；五月廿三日文化界精神總動員日，滬上報人，發表宣言，決貫澈抗日除暴討汪蕭奸四大使命，此一羣民族的鼓手，正以如椽之筆，掃蕩人間之醜。香港方面的新聞從業員，亦集體舉行國民宣誓，服從一個主義一個政府一個領袖，而與暴敵漢奸作殊死的戰鬥，言論荒謬的南華日報、和態度曖昧的天演日報等，均遭公開的制裁，使其無法施展蠱惑，香港雖孤懸域外，然報人奉行國策的決心與精神，正不減於國內的同業。這一幅偉大精彩的畫面，表現了善與惡、正與邪、公理與叛道的抗衡！

新聞從業員係人羣的「號角」，亦係文化的「尖兵」，官能特別銳敏，反應特別迅速，正義感與同情心特別濃烈，嫉惡揚善就正去邪的態度，亦特別堅決。目擊敵人暴行的無理性、無人道、無良心，且身受侵略逆流之所沖刷、所激盪、所飄泊，故新聞從業員站在反侵略的第一線，時為反暴行的急先鋒。每一張紙，每一枝筆，可謂為一顆紙彈，一座筆陣，利用這些紙彈，運用這些筆陣，就可令人類的蟊賊，在正義之火前發抖、奔避、以至於消滅。由於日來滬港兩地報人的苦

鬥，益足證明新聞從業員係正義火炬的燃放者，亦為暴力暗影的廓清者。

當此新聞從業員的戰鬥過程裏，我們要鄭重體揚上海孤島的報人們，蓋敵閥自侵佔我閘北南市，並霸佔公共租界西區以後，即儼然以上海租界的主人自居，對於租界內我堅毅不屈的報紙，千方百計予以籠絡、收買、或權毀，利誘威脅，乃至卑鄙絕倫殘忍極點的燒殺伎倆，幾於無所不用其極。重視現實的英人，復竭力設法避免和暴日的衝突，去年冬天，由駐華英使寇爾出面，以三事約束上海英商的華文報紙：（一）不能紀載與英國政策有所違背的文字，（二）不能有任何使上海公共租界地位發生困難的文字，（三）上述文字包括新聞、言論、圖片，倘有故違，則立即取銷其營業照會。寇爾三項約章頒布後，最富安協性的英商字林西報，亦大不謂然，指此舉有損英人愛好自由的傳統。不料日前上海英方，又接受公共租界工部局的請求，召集全滬六家英商華文日報，告以下列六項新約，嚴課彼等不能或違：（一）不得以鬼子暗示日人，（二）不得以××暗示日本，（三）不得以漢奸、敵人、壯漢等字，（四）不得登載關於國民黨或同類機關的通告或文件，（五）不得登載日本國內或在華日軍日人的反戰情緒及其運動消息，（六）不得登載激動抗日情緒或釀成抗日恐怖事件的任何宣傳稿件。可見上海

公共租界的英國官方，業惱於日閥的暴力，藉口環境的特殊，對華文報紙多方壓迫，且獻迎的程度，實與時而俱厲。駐滬敵總領事三浦，近奉召回日，傳彼此行，使命重要，敵對上海公共租界，是否步強佔鼓浪嶼的後塵，即視三浦返日後的聚議而定，於是公共租界主持人的英國，愛不惜實行不公平背正義的手段，以嚴厲約束加於英商華文報紙。公共租界工部局政治部，更通告滬上外商的各華文紙，稱「在最近情形之下，各報如刊載任何演說或宣言，不論其來自何方，凡與日前政治運動或政治團體有關者，必須於出版前先送該部檢查，否則工部局得撤銷其登記執照」。在這重重壓抑之下，英商導報譯報停刊一日，以示抗議；英商華美晨報，則因主張「漢奸格殺勿論」，而被工部局勒令停刊；美商大美晚報，更明白表示「寗願停刊，不願屈服」。敵方上海每日新聞及偽新申報，竟狂吠亂叫，發表如下的謬論：「當局應從速搜捕抗日言論的記者，並將租界內重慶黨政府機關，掃敦加以軍事的佔領」。這一幕善惡不兩立、邪正不並存的鬥爭，在上海已展開其最激烈的場面了。

我國的新聞從業員，應嚴切注視上海的不幸而偉大的事實，認識喪失國家保護的報人，不但無法執行其職務，抑且隨時有生命的危險；應知敵人決不放鬆我

77

們，我們亦不能對敵人有所姑息。過去報人，除一小部份著有成績外，其餘大部份，則組織欠完善，工作欠緊張，聯絡欠密切，內容欠充實，手段欠敏巧，範圍欠廣泛，一切偵察、分析、研究、歸納、估量、論斷、策應、進攻等工作，類皆未能恰到好處。自新聞從業員筆下所暴露的敵寇罪惡，僅為一斷簡、一殘篇與一碎片，而未能儘量利用每一頁紙、每一枝筆和每一張嘴。須知現階段的新聞從業員，具有兩大時代的任務：一為爭取民族的解放，一屬捍衛人類的自由。對於國內，應喚醒全民族的反侵略意識，以當兵、出錢、增產、節約等方法，提高我國抗暴的實力；對於國際，則宜示我們不僅有反侵略的堅毅決心，且有反侵略的勝利把握，使敵寇踐踏文化破壞文明的罪惡，受世人公開而無情的裁判，以強化國際援華制日的深度、廣度和速度。

衛護正義與致滅暴力，是新聞從業員無可避免亦無可辭的神聖工作；我們要動員全國每一角落的報人，來參加這個適逢其會的聖戰！

文化劊子手之倭寇

嚴重抗議敵閥炸毀我國新聞營壘

對他國作戰，必須室襲無防禦城市，殘殺非戰鬥員的老幼婦女，使敵國陷於飢餓、恐慌，馴致肉體衰亡，因而削弱其反抗意志，於是始可為所欲為。

——敵軍部代言人大場彌平

（一）一筆筆的血債

日本軍閥近益喪心病狂了，對我不設防城市與非武裝人民的濫肆轟炸，一天天的變本加厲！服務人羣的文化事業如新聞報社，亦一次次的慘遭敵機的狂炸，光是四月上旬這短促的十天內，敵閥暴行是如何令人髮指眦裂：

在陝西，西安市區北大街，於二日遭敵機七架的轟炸，投彈五十餘枚，內有燃燒彈兩枚，工商日報社中院亦墮三彈，排字房全部震毀，該報被迫停刊整理。

在湖南，敵機十八架，於六日午刻，狂炸衡陽，全城各街衢，均落有重量炸彈及燃燒彈，湘南日報館、中央社衡陽辦事處及商務各書店、達濟等小學，皆被炸毀。

在江西，自南昌遷往吉安出版的華光日報，於七日遭敵機四架的濫炸，致該報廣告主任及印刷領班等，咸不幸罹難，不得已暫停出版。

在浙江，八日上午，有敵機四架，分兩批闖入城空，八婺女中、三清小學、金中附小等學校，均被炸毀，東南日報社附近，亦落一彈，排字房屋頂一部被揭去。

夠了夠了，只有十天功夫，敵人對我文化教育事業，竟作如此大規模而有計劃的摧毀，特別是文化觸角教育利器的新聞報社，亦不能免於魔掌的浩劫，敵閥猙獰的面孔和惡毒的陰謀，更具體的提示於世人之前了！

抗倭戰爭掀開後，敵機即作我國肆意狂炸，據上海文化界國際宣傳委員會所統計，自民國二十六年七月七日起，至去年六月三十日止，一載之間，敵機出動二四七一次，投彈三三・一九二枚，我同胞受傷的二二・七五二八，死亡的一六・五三二八。然據我們所知，無辜平民損害之鉅，較上列統計尤重！因為浙江省被炸地區，如銅廬、東陽、於潛、淳安、永康、安吉、孝豐等處，國際宣傳委員會尚未計入，深信他省必有類此情形，故斷定敵機逞暴，定在右述數字之上！

至於在華的第三國權益，亦迭經敵機的轟炸。若侵害第三國的主權，若傷害第三

80

國人民的生命，若破壞第三國人民的財產，若摧殘第三國人民的宗教慈善及文化機關等等，證明我們的生命財產學術文化，固為倭寇襲擊的目標，即在華第三國僑民的權益，它亦一律轟炸不能倖免。復據教育部統計，十八個月的抗戰，敵人轟毀我文化機關的總賬，損失殊可驚人！計學校及文化機關的損失，達二千零三十六萬四千八百零三元，其中大學及專門學校損失，占一千五百三十二萬二千九百二十元，中小學合計損失，占三百十八萬三千元，文化機關損失占一百八十六萬元，被毀書籍在一百萬卷以上。

（二）侵略國無文化

侵略者係文化最大的敵人，它們只會毀滅文化，而不能創造文化，它們只會破壞文明，而不能啟迪文明，它們是企圖迫使時間倒流，把人類回復到古代的酋長部落時期，令人們渾渾噩噩，無知無識，以便它們利用器使，而不致發生一點反抗的意志。

軍事法西斯控制下的日本，一切文化學術都退化了，對文化較有貢獻的人，一批批的被逮捕或遭警告；學校聘請教員，要經文部省的嚴格考核，須絕對沒有反抗現政權的人，方能任用；報紙雜誌，不是限制紙張或審查內容，便是取締出

版或停刊處分；敵文化界均人人自危，朝不保夕，關揭文化最大前提，厥為自由空氣自由環境，現在連最低的自由權利亦剝奪了，軍閥法寶的總動員法實行後，敵國文化的苦難愈日甚一日，敵文化人有口而不能說要說的話，有耳而不准聽喜聽之言，有目而不可看願看的事，敵國明治維新所勤勞培育的時代文化，可以說已被敵閥驅進墳墓裏，擲至廢墟裏了！

法西斯意大利和納粹德國，對於文化的蹂躪，亦不弱於暴日。今日的意大利，不是歌頌法西斯功德像已故鄧南遮之流，便只能談談象獅松柏蟲魚之屬的物的文化，除這兩條路外，一概不准通行，倘敢冒險嘗試，破認為情節重大的，即有殺頭的危險。較重的即有放逐於地中海孤島的可能。納碎的毀滅文化統制文化，尤為可觀，所有反納粹理論的書籍、雜誌、報紙，概被焚燬與封閉，全國精神食糧，歸希特勒郭培爾所合資開設的出版公司壟斷編行，許多學術雙威者，皆爭先出亡異邦，否則不免被送進「集中營」。所以有人說，納粹現無文化之可言，有之則僅在「集中營」的一角而已。侵略者對文化的壓迫、破壞和摧殘，比中古時代的宗教法庭，尤為慘酷可怕；然文化的發展，絕不是侵略者所能堵塞得了的，倘暴力可統制文化，則哥白尼的天體論，伽利略的地動說，早就被狂妄的教廷所

撕毀了，還會造成今日燦爛的文化文明嗎？

文化是什麼？它是涵蓄著人類的創造慾望所產生出來的各種成品之在空間及時間上底總和，它的本身，具有戰鬥性與進步性，它對自然界各種暴力，作永恒的不斷的戰鬥，故文化為一國菁華的所寄，一國精神之所歸。從前滅人國家的，僅佔其土地奴其人民就算，現在則進一步，不但要佔有其實體的土地、財產、人民，更要控制其思想、行為、精神了；從前的作戰方式，僅擊破其敵方的軍事的保衞力、政治的組織力和經濟的支持力就行，現則進一步要毀滅對方的文化學術，使永絕復興的憑藉了。

「侵略國無文化」這句話，一面說明其本

國的文化掃地無餘,一面表示其仇視他國文化的唯恐不及,我們為保障人類文化不趨於整個破產,就該堅決的反對侵略國的暴行;我們生活在遠東的一隅,就須先給倭寇一個重大的回擊!

(三)反轟炸反侵略

人類由野獸而進於文明,須經過若干萬年的悠久時間,此種文明進化的歷史,提示了人類最高的理想,乃為和平與幸福的進步社會。敵閥狂炸我國的暴行,恰與時代的進步背道而馳,我們要珍護文化,它則拚命加以摧毀,我們要重視文明,它則竭力予以破壞,我們願以敵閥的暴行,訴諸世人的良心,喚醒人類的理性:第一、寇機的瘋狂濫炸,已造成人類最殘酷的事象,若任其發展,則勢將危害文化文明,而根本毀滅人類,衛道救人,人有其責。第二、因為制日逞暴,係人類共有的大任,貫澈此責任,須有英勇的行為,口頭上文字上的譴責侵略者和同情被害者,均絕對無濟於事。第三、挽救人類浩劫,須從制止敵閥狂行始;而制裁敵閥,各國皆有偉大力量,倘關係諸邦聯合一致,對倭經濟制裁,則敵閥暴舉,立可中止。

國際和平大會所召集的反對轟炸未設防城市大會,於去年七月二十三日,開會於巴黎,關於反對轟炸不設防城市及屠殺非武裝人民,該會曾鄭重通過如下的決議:

(一)大會認為現行各項條約並未被人尊重,集體安全制度亦已削弱,使侵略國獲得不少便利;惟大會仍認為各民治國保有制止侵略戰爭的充分力量。

(二)發起大規模宣傳運動,勸告各國人民抵制侵略國貨物,並阻止以軍火暨用以轟炸的各項材料供給侵略國。

(三)鼓勵各國人民,向各該國政府提出請願書,俾其共同參加反轟炸各項組織,並以高射炮供給被轟炸國。

(四)各國人民,務當加緊努力,以接濟被侵略各國,例如每月捐助薪金一小時,一也;為被侵略國義務工作,二也;各民治國以生產過剩之物,供給被侵略國,三也;必要時以國際貸欵,幫助被侵略國的抗戰,四也。

反轟炸大會所通過的決議,係反侵略最重要的骨幹,亦反侵略最有效的方案

無如國際軍火販子和煤油商人、以及各大托拉斯，咸以助長戰爭從中漁利為事，以致反轟炸的皇皇決議，多成具文。以美國言，據商務部發表的統計，客歲一年內，暴日共向美國購入二三九‧五七五‧〇〇〇金元的貨物，軍需品竟占總額百分之八十六，其中飛機占一千一百萬金元，汽油占五千萬元，鋼鐵占二千二百萬金元，鋼製品占九百萬金元，棉花占五千二百萬金元，銅占二千二百萬金元，汽車占一千七百萬金元，機器占二千三百萬金元，其他雜物約值三千三百萬金元，僅占總額百分之十四。一面又以爆炸物資供給侵略國，一面又以爆炸物資供給侵略國的轟炸，世間悖理叛道之事，莫此為甚！

反侵略是愛好和平者的共同要求，反轟炸則為反侵略開宗明義的第一課，而反轟炸對策，必須自停止供給侵略國的軍用品始。倘這一點都無法辦到，則反轟炸反侵略皆悉成空談了。

為了敵機狂炸我文化先導的新聞營壘，我們懇切籲請各國，萬勿齎寇以糧助桀為虐！各軍火煤油的掮客們，尤盼其趕快拿出一顆良心來！

記者節與反侵略

浙江省黨部於民國二十二年秋，呈請中央保護新聞從業員；國府於同年九月一日，准浙之請，明令保護，杭市新聞記者公會，因號召國內新聞界，規定九月一日為「記者節」，一方面仰荷政府的扶植愛護，一方面又有待於新聞從業員的淬勵奮發，「記者節」包涵以上兩義，到現在已整整六週年了。

今日，我大中華民族正和狂暴無比的敵寇，作一番決定生死絕續的血戰；此一戰爭，我如獲勝，則民族獨立，民權自由，民生幸福，否則我們固然要做奴隸牛馬，即我們的子子孫孫，亦不免為日閥的婢僕臣妾，這個最後關頭實在太嚴重了。所以我們的神聖任務，一句話，就是「反侵略，謀自衛，求生存」！

否！瘋狂侵略的烽火在延燒；聽！萬惡侵略的號角在廣叫；我們的責任是雙重的，即保護國族之外，尚須進而保衛人類，大時代賦予我們以艱鉅的職責，我們只能當仁不讓見義勇為的負荷起來。世界反侵略總會代表巴黎時報記者毛那拉漢時，曾說：

「執役新聞界，係世界最高尚的職業，必須肩負重大的使命，抒發任何事物的真理，以促進人類永久的和平。尤其是侵略主義者橫行霸道的現局，為求和平而反侵略的工作，亟須加緊。譬如演劇，觀眾麕集，新聞從業員坐於最前排，所見更真，所聞更切，當以敏感的所得，把握現象的因果，而重振正義的旗幟，遍樹和平的風氣」。

今年的記者節，際敵寇狂暴的侵略下，和我們作第六次的見面。我們目擊敵人暴行的喪失理性，身受侵略黑浪的捲動凌迫，落在我們肩上的責任，是沉重而艱苦的，我們最低限度的最小工作，至少應有下述兩點：

一係國內方面，須加速喚起全民族的反侵略意識，以驅除敵寇，做每一個人的實際行動，例如當兵、出錢、服役、生產，均係反侵略的有效利器，新聞從業員宜善為啓導策勵和激勸，增加我們反侵略的偉大力量；

一係國際方面，新聞從業員應臚舉我國的各種事實，向並世列邦，宣示我們不僅有反侵略的堅強決心，且有反侵略的龐大力量，時以我們英勇抗戰的事蹟，敵人殘酷罪惡的獸行，一一公之於世，使各國對於我之抗戰，一致刮目相看；我國反侵略的精神和實力，皆可太白於世人之前，而促彼等的加緊援華反日。

「宣傳必本事實，說謊並非宣傳」，敵寇侵略我國是一樁鐵的事實，而敵寇燒殺淫掠的暴行，亦係一樁鐵的事實，訴諸全世界人類理性未泯的良心，就可以得到深刻的反應，使日閥的罪惡遭受應得的處罰。可惜我國的新聞從業員，關於這些功夫多未做到，例如國際反侵略總會歷次派來的毛那、雷諾、包立德諸人，和世界學聯派來的柯樂滿、雷克難、雅德之輩，我們報界所提供敵寇罪狀的材料，僅是殘篇碎圖的一點點，不能充分表示我國反抗侵略的神聖與英勇的任務來。所以，我們該討已往的缺點，把握當前的需要，新聞從業員的反侵略宣傳，應該站在一般民眾的最前線，充分利用可能得到的工具，把我國反抗侵略的可歌可泣事實，用直接間接的方式，廣為宣揚，使愛好和平崇尚正義的友邦，毅然決然的站在我們這一邊。

新聞從業員為民前鋒，他們是反侵略陣線的哨兵，亦係反侵略部隊的主力，職責雖重，義無可辭。昔宣聖著春秋而亂臣賊子懼，董狐南史之流，亦各能秉筆直書，楷模足式。不過以上先哲偏於消極的抨擊，而不能為積極的驅除；我們的反侵略，重在以行動為表現，其意義的深長重大，較宣聖董狐南史輩，又進一步，又深一層。

願新聞從業員齊在「九一節」之日，一致誓以至誠，戮力從事實際的反侵略運動！

图书在版编目（CIP）数据

中国报人之路 / 杜绍文著. —北京：中国传媒大学出版社，2018.3
（中国近代新闻学名著系列丛书 / 芮必峰主编）
ISBN 978-7-5657-2298-1

Ⅰ.①中… Ⅱ.①杜… Ⅲ.①报纸—新闻工作者—研究—中国 Ⅳ.① K825.42

中国版本图书馆CIP数据核字（2018）第054267号

中国近代新闻学名著系列丛书
芮必峰　主编

中国报人之路
ZHONGGUO BAOREN ZHI LU

著　　者	杜绍文
策划编辑	司马兰　姜颖昳
责任编辑	姜颖昳
封面设计	拓美设计
责任印制	阳金洲

出版发行	中国传媒大学出版社
社　　址	北京市朝阳区定福庄东街1号　　邮编：100024
电　　话	86-10-65450532 或 65450528　　传真：010-65779405
网　　址	http://www.cucp.com.cn
经　　销	全国新华书店
印　　刷	北京华联印刷有限公司
开　　本	787mm×1092mm　　1/16
印　　张	7.25
字　　数	85千字
版　　次	2018年6月第1版　　2018年6月第1次印刷
书　　号	ISBN 978-7-5657-2298-1/K·2298　　定　价　48.00元

版权所有　　翻印必究　　印装错误　　负责调换